U0111045

鑑賞系列

11

●竇廣利　編著

古玉六百問

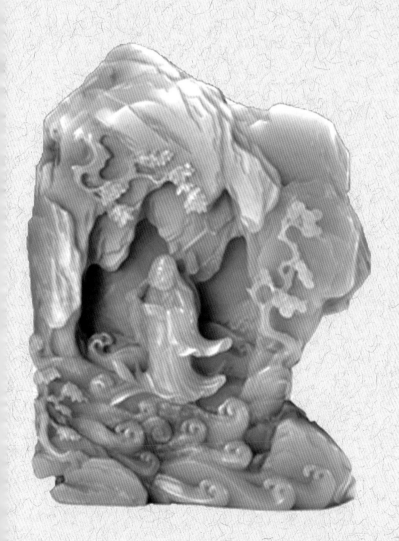

品冠文化出版社

國家圖書館出版品預行編目資料

古玉六百問 ／ 寶廣利　編著
——初版，——臺北市，品冠文化，2015〔民104.04〕
面；26公分 ——（鑑賞系列；11）
ISBN 978－986－5734－21－3（平裝）

1.古玉
794.4　　　　　　　　　　　　　　　　103026548

古玉六百問

編　　者／寶廣利

責任編輯／張李松

發 行 人／蔡孟甫

出 版 者／品冠文化出版社

社　　址／台北市北投區（石牌）致遠一路2段12巷1號

電　　話／（02）28233123・28236031・28236033

傳　　眞／（02）28272069

郵政劃撥／19346241

網　　址／www.dah-jaan.com.tw

E - mail ／service@dah-jaan.com.tw

承 印 者／凌祥彩色印刷有限公司

裝　　訂／承安裝訂有限公司

排 版 者／弘益電腦排版有限公司

授 權 者／安徽美術出版社

初版1刷／2015年（民104年）4月

定　價／680元

目　錄

清翡翠白菜

青玉穀紋雙耳爐

什麼是玉？

中國自古就是一個愛玉、崇玉、賞玉、佩玉、藏玉之國，尚玉之風源遠流長，且形成了獨特而古老的玉石文化。然而對於「玉」的界定，一直以來都存在著爭議，概念含混。

東漢許慎在《說文解字》中對玉的解釋是：「玉，石之美，有五德者。」這一說法致使「玉」這個字廣義地成為美石的統稱，即指一切美麗、溫潤而有光澤的石頭。然而從礦物學的角度來看，這一定義並不科學，因此也不為現代科學界所承認，現實中也不能作為「玉」的認定標準。

19世紀法國礦物學家德穆爾將中國古玉材分為軟玉（和田玉）和硬玉（翡翠）兩大類。我國考古學界權威夏如鼐先生也曾主張除軟玉、硬玉兩類可稱玉外，餘皆不稱為玉，它們的具體名稱可用礦石名來代替。但是這種說法範圍過窄，若是這樣，許多古今有名的玉材也要改稱為「石」了，顯然這種說法是不夠全面的。

雖然「玉」的概念是如此難以界定，但是我們對於「玉」的辨別並非完全沒有依據。目前文物界就提出了比較合理的定義可以供我們參考。

（1）質感：玉的質地一定要溫潤晶瑩，呈半透明或微透明狀。

（2）硬度：玉的硬度通常在摩氏硬度4.5～6.5之間，不足4.5者視為石，超過6.5者可視為寶石。

（3）密度：玉的密度要在2.5克／公分^3～3克／公分^{3}之間。

（4）顏色：在一塊玉料上，玉

的主體顏色原則上要是單純的一色，即白、青、黃、碧、墨五色中的一色。

（5）必須是天然形成的礦物的集合體。

上述構成「玉」的五個條件，相輔相成，缺一不可。這可以說是迄今所知關於「玉」的定義中最科學的說法。

02 如何對玉石進行分類？

玉的種類繁多，在硬度、產地、顏色、質地、存世時間及傳世的形式上各有不同的分類：

（1）以硬度分類。分為軟玉（如和田玉、岫玉等）和硬玉（翡翠）兩大類。

（2）以產地分類。一般在玉的前邊冠以產地名，比如和田玉產於新疆和田、岫玉產於遼寧岫岩、藍田玉產於陝西藍田、酒泉玉產於甘肅酒泉等。

（3）以顏色分類。玉的顏色很多，有白玉、青白玉、青玉、墨玉、碧玉、黃玉等數十種。不管玉的產地、質地如何，凡是顏色相同的都可以歸為一類。如新疆和田玉中的白玉、陝西藍田玉中的白玉都可以統稱為白玉。

（4）以質地分類。即按玉料的質地分。不同產地的玉有上、中、下品之分；同產地而不同顏色的玉

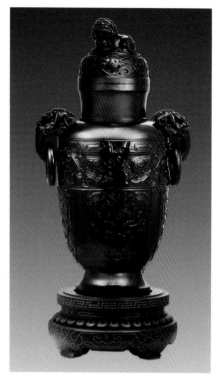

墨玉獸頭雙耳活環瓶

也有上、中、下品之分，同顏色而不同品相的玉還可以分為上、中、下品。如新疆和田產的玉總體上就比遼寧岫岩產的玉好，白玉總體上就比其他顏色的玉好，純正的玉總體上比不純正的好，體積大的玉總體上比體積小的好。

（5）以存世的時間分類。一般把1911年以前的玉件稱為古玉，而把其後的玉件稱為新玉。

（6）以存世的形式分類。從泥土中挖出來的古玉稱為「出土古」（又稱「土古」），沒入過土的稱為「傳世古」。

紅山文化玉豬龍

03 新老玉如何劃分？

按照玉器的製作時間，人們通常將其分為高古玉、古玉和新玉。

人們習慣把漢以前的玉器稱為「高古玉」。由於年代久遠，且主要是王公貴族才能享用，高古玉充滿神秘感。

目前，業界一般認為，1911年以前的玉器基本上可以稱古玉。此後生產的玉器，統稱為新玉。

不過也有人認為，只有史前和夏、商、周三代的玉才算是真正的古玉，漢代的勉強湊合，唐宋的差強人意，明清的便不入法眼了。實際上，這些觀點只不過是在古玉斷代上和存世時間上的一個標準，並不能說明不同年代的古玉的實際價值，也並不能作為古玉鑑賞的標準。

紅山文化青玉石斧殘件

 04　什麼叫舊玉？

舊玉即盤覆後的「土古」，也叫脫胎玉。

李迺宣《玉說》：「方今好古淹雅之士，每以舊玉為奇珍。舊玉者，入土復出之玉也。玉之入土，或因逃往散失，或是落水沉沒，或值滄桑致掩，或係埋藏失揖，或山崩遭覆，或地裂被埋，隱閉窮泉，歷劫出世，經人工以法盤成，便為舊玉妙品。」

 05　古玉的顏色有哪幾種？

對於古玉，人們首先關心的是玉的顏色，即玉色。它不僅是古玉質量的重要標誌，而且還帶有一定的意識形態。

古人受五行說的影響，將玉的顏色分為五種，即青、白、赤、黑、黃。對應中國傳統的五行觀念為：東方為青，南方為赤，西方為白，北方為黑，中央為黃。

戰國時期的《周禮》一書中就有這樣的記載：「以玉作六器，以禮天地四方：以蒼璧禮天、以黃琮禮地、以青圭禮東方、以赤璋禮南方、以白琥禮西方、以玄璜禮北方。皆有牲

紅山文化青白玉龍首形佩

幣，各放其器之色。」可見，這五種顏色就是古玉的基本顏色。

　　王逸在《玉論》中也寫道：「赤如雞冠，黃如蒸栗，白如截脂，墨如純漆，謂之玉符。而青玉獨無說焉。今青白者常有，黑色時有，而黃赤者絕無。」這就是說，玉有白、青、黑、赤、黃五色，而常見為青色、白色。到了明清時期，玉色就更加豐富了，從五色發展到八色、九色、十二色等等。

06 什麼叫古玉的次生色？

　　玉石裸露在地面上或深埋在地下，經長時間的風吹、日曬、雨淋、氧化等作用，表面發生了巨大變化，表層局部出現了紅色、黃色、白色、褐色、黑色等玉皮。這種變化屬於自然形成，被稱為「自然次生色」，尤其是籽料表現得更加明顯。

　　玉石被開採出來，被製成了各種玉器，經人工染色、盤磨、隨葬，後發掘出土，再為人所佩戴、把玩而造成的顏色改變，被稱為「人工次生色」，情況就更加複雜了。

07 硬玉和軟玉有什麼差別？

　　硬玉是相對於軟玉而言的，在質地上較之於軟玉更加堅硬、更加透明、更加富有色彩。

　　硬玉是輝石族中的鈉鋁矽酸鹽，所以硬玉又稱為「輝石玉」或「輝玉」。硬玉有著隱約的水晶結構，質地堅硬，具有玻璃的光澤，清澈瑩潔，在紫外線照射下有淺色至亮白色熒光。其摩氏硬度為6.5～7，密度為3.24克／公分^3～3.43克／公分^3。

　　硬玉具有不同顏色，其中紅、黃色的外包層稱「翡」，綠色稱「翠」，紫色稱為「紫羅蘭」。目前硬玉實際上就是單指「翡翠」，還未見學界和業界把其他玉石歸於硬玉的。原因之一就是其他玉石在硬度上比翡翠低。

　　軟玉是相對於硬玉而言的。軟玉在硬度上較硬玉小，但軟玉的種類多，產量大。軟玉中質材最好的是我國的新疆和田玉。

　　軟玉是角閃石族中的鈣鎂矽酸鹽，又稱為「角閃玉」或「閃玉」，斷口呈參差狀，具油質光澤，呈半透明至微透明狀，顏色有白、灰白、綠、暗綠、黃、黑等色。軟玉中的化學物質穩定，除耐氫氟酸外，能耐強酸、強鹼。它是我國古代玉製品的主要材料。摩氏硬度為6～6.5，密度為

翡翠珠鏈

2.9克／公分³～3.1克／公分³。岫岩玉硬度為5.2～5.5，獨山玉硬度為5.5～6.1。

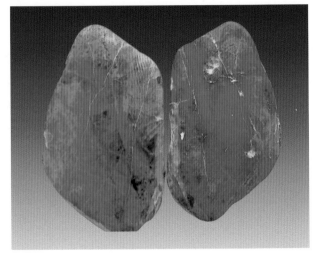

高綠翡翠料

08 翡翠有什麼特點？

相傳翡翠原為鳥名，是一種羽毛紅綠相間的小鳥。《說文解字》釋「翡」為「赤羽雀也」，「翠」為「青羽雀也」。《異物志》釋：「翠鳥形如燕，赤而雄曰翡，青而雌曰翠。」歷史上，最早記載翡翠這一名稱的文獻是宋歐陽修《歸田錄》。明末《徐霞客遊記》稱作「翠生石」；清人稱「雲南翡翠玉」、「翠石」、「翡翠石」；清宮《養心殿造辦處各作成做活計清檔》、《雜錄檔》中可見「永昌碧玉」、「雲南玉」及「滇玉」等名稱。

翡翠屬輝石類，主要成分是矽酸鈉鋁，摩氏硬度為6.5～7，密度為3.24克／公分³～3.43克／公分³，耐酸、耐鹼，1000℃以下不變色、不變質，因此被譽為「玉石之王」。

在自然界所有的天然玉石中，翡翠的顏色最為豐富，因為翡翠含有不同的染色離子，通常有綠、紅、黃、白、灰、粉、淡褐、淡藍、淡青等。純淨無雜質者為無色半透明；若呈現出柔潤豔麗的淡綠、深綠色，則是含有鉻元素，即為「翠」；若呈現暗紅、褐紅、赭紅色，則是含有鐵元素，即為「翡」；若呈現淡紫色、深紫色，則含有錳元素，常被稱為「春地」或「藕粉地」；若呈現淡藍、淡青色，則含有鉻和銅元素，常被稱為「橄欖水」。翡翠以翠綠為主，且越翠越綠越好，是所有玉石中的上品，好的翡翠價值連城。

翡翠的主要產地是緬甸，我國雲南西部和緬甸毗鄰的地方也有出產，但產量很少。據我國古籍記載，歷史上我國湖北荊門、黑龍江西布哈特、新疆於闐（今和田）都曾產過翡翠，但早已絕跡。

09 翡翠的「種」和「水」 指的是什麼？

「種」指翡翠的結構和構造，是翡翠質量的重要標誌。新「種」（也稱新坑、新廠等）的翡翠，質地疏鬆，粒度較粗且粗細不均，雜質礦物含量較多，裂隙及微裂隙較發育，但透明度不一定差，比重、硬度均有下降。老「種」（也稱老坑、老廠等）的翡翠，結構細膩緻密，粒度微細均勻，微小裂隙不發育，它的硬度、比重最高，是質量較好的翡翠。新老「種」翡翠介於新種和老種翡翠之間，是殘積在山坡原地的、未經自然搬運的翡翠。

翡翠的「水」指它的透明度，也稱「水頭」。翡翠的「水」與翡翠的結構構造有關，

也就是說與「種」有關，還與雜質的含量有關，那些「種」老、雜質少、粒度大小均勻、純淨度高的翡翠「水」就好。

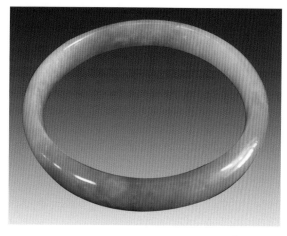
翡翠手鐲

10 何為翡翠的「地」？

「地」是翡翠內部質地的乾淨程度，以及與「種」、「水」、「色」之間相互造成的視覺效果。民間稱「地」為「地張」或「底障」等。翠與翠外部分要協調。如翠好，翠及翠外部分水必須也要好，才映襯協調。若翠很好，但翠外部分水差，雜質、髒色多，稱「色好地差」。翠的「水」與「種」要協調，如「種」老，色很好，水又好，雜質、髒色少，相互襯托，就強烈映襯出翡翠的清麗、潤亮及價值來。「地」的結構應細膩，色調應均勻。雜質、髒色少，有一定的透明度，互相照應，方能稱「地」好。好的「地」分別有玻璃地、糯化地、蛋清地，不好的「地」如石灰地、狗屎地等。

11 翡翠常見的「地」有哪些？

玻璃地：完全透明，有玻璃光澤。這是所有的地中最高級的一種。

冰地：冰地次於玻璃地，整體通透如冰，即通明中如有一層薄霧，似淨水封凍、凝滯。

水地：透明如水，有玻璃光澤。與玻璃地相似，有少量的雜質。

蛋青地：質地如同雞蛋青，有玻璃光澤。半透明，但比較純正，無雜質。

鼻涕地：質地如同清鼻涕，有玻璃光澤。半透明，但比較純正，有少量雜質。

青水地：質地透明，泛青綠色。因色干擾，不如水地品種。

紫水地：質地半透明，泛紫色調，實際上是半透明的紫羅蘭。

藕粉地：透明或半透明，像熟蓮藕色的地子。其特點是呈紫色或粉色，透明的很有價值。

豆青地：半透明，像豆青色的地子。常常帶有白色點狀石花。

瓷地：半透明或不透明，質地發死如瓷器，使人有凝滯感的地子。

乾白地：不透明，水頭差的白色地子。

糙豆青地：不透明，質粗糙，石性石花粗大，一種粗糙的豆青地。即使其中出翠，價值也很低。

狗屎地：不透明，質粗水差，呈黑褐色或黃褐色，形態如狗屎的地子。

12　翡翠的「翠性」是什麼意思？

「翠性」也稱「蒼蠅翅」，是翡翠的特有標誌，指組成翡翠的礦物晶面及解理面在翠面的片狀閃光，當組成翡翠的礦物顆粒粗大時，特別明顯。這就是翡翠的「翠性」。若翡翠的礦物顆粒呈微粒狀時，少見「翠性」，這是雙晶面及解理面太小所致。如玻璃地的翡翠肉眼難見「翠性」。

翡翠環形

 13　何為翡翠的「蟒」？

「蟒」是在翡翠原料的表皮上，見與表皮一樣或深或淺顏色的風化、半風化沙粒呈帶狀、環狀、塊狀等有規律、有方向性的排列現象。這說明原石局部受方向性的動力變質與熱液蝕變作用的共同強烈影響，有可能使其內部鉻元素釋放而致綠。

有蟒的地方不一定有綠，一定要有「松花」的出現，才能說明其內可能有綠。有鱗說明「種」老。「蟒帶」一般與綠色的走向平行，綠的走向（脈）也稱綠的形狀，大多為原生裂隙填充了鉻離子而致色。

 14　翡翠的「A貨」、「B貨」、「C貨」和「B+C貨」是什麼意思？

行業內翡翠有「A貨」、「B貨」、「C貨」之分。「A貨」指未經人工干預質地的翡翠；「B貨」是質量差的翡翠經過強酸浸蝕漂白除去雜質，再填充大量高分子聚合物加工而成的翡翠；「C貨」是經過人工染色的翡翠。

經漂白填充和染色處理的翡翠叫「B＋C貨」。國家標準規定：A貨直接標誌翡翠，對B貨和C貨標誌上須注明「處理」兩字；如果標誌或者票據上不注明，則屬欺騙行為。

15　粉翠是翡翠嗎？

嚴格來說，粉翠不是翡翠，而是一種以薔薇輝石為主要成分的緻密塊狀的硬玉質玉石，不透明，具玻璃光澤，摩氏硬度為5.5～6.5，密度為3.4克／公分^3～3.68克／公分^3。顏色有薔薇紅、玫瑰紅、粉紅、紫紅、棕紅等。在紫外線照射下可發熒光，折射率為1.733～1.744，雙折射率為0.011。三斜晶系，晶體呈板狀，有時似輝石晶體，透明的晶體極罕見，可作寶石。

京粉翠掛件

暗綠玉原石

　　產於北京昌平的稱為「京粉翠」，產於四川攀枝花的多叫「桃花石」。京粉翠由於礦石產地特殊，非常稀少，現在已找不到了，只有四川攀枝花有少量桃花石發現。

 16 暗綠玉和硬白玉質地相同嗎？

　　暗綠玉又稱「雲南翠」，產於雲南、青海祁連。

　　暗綠玉屬於硬玉類，翡翠的一種，屬輝石質硬玉，形成於藍閃石榴輝岩中，呈深綠色，玉上有黑斑點，摩氏硬度為7.1，具玻璃光澤，拋光後呈強閃光性，狀若秋葉、花片等。

　　硬白玉是一種由輝石、透輝石、次閃石、透閃石等組成的硬玉質白玉，色灰白、黃白，摩氏硬度為6～7。產於青海柴達木盆地。

17 什麼叫花色玉？

　　花色玉產於青海柴達木盆地，可分為花玉、花斑玉兩種，屬多物質硬玉，形成於一種由輝石、透輝石、石榴石、符山石、透閃石、次閃石、陽起石等組成的變質礦床中。礦石具玻璃光澤，緻密塊狀，摩氏硬度為6～7。

花色玉掛件

花玉因其白色中有灰、黑、藍紫色斑帶而得名。這種斑帶由黑色礦物和菱鎂礦組成，白色部分為葉蛇紋石。

花斑玉因其白底上呈現出綠斑花紋、斑點或雲霧狀而得名，可以算得上是質地較佳的翡翠了。

通常認為花斑玉屬於翡翠，也有人認為花斑玉不是翡翠，而是一種質地近似翡翠的玉石。

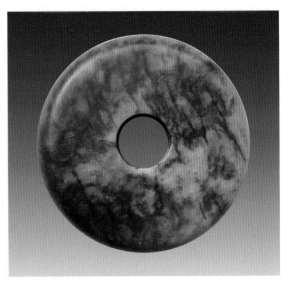

五彩玉佩飾

18 五彩玉是什麼？

五彩玉產自福建南平市官田鄉，一塊玉上含有紅點、綠斑、墨塊、褐或灰或黃的顏色，底子為白、青白、青等，是翡翠的一種。磨光後出現抽象花紋，花式自然流暢，酷似錦緞，質似碧玉，是中國十大奇石之一。其主要成分是透輝石（約占89％）及少量綠簾石、透閃石、陽起石等，由沉積岩經熱力變質而成。摩氏硬度在7以上，拋光後亮度可達100度以上。

19 為什麼把和田玉列為諸玉之首？

和田玉開採和使用的歷史悠久，是我國玉文化的主體。據歷史記載，和田玉進入中原地區最遲在商代晚期，並且用和田玉製作的古玉器在河南安陽殷墟婦好墓中有發現，足以認定和田玉在當時用玉製度上已佔據重要地位，為主流玉材。

和田玉又稱「和闐玉」、「昆山玉」，是我國品質最好、最負盛名的玉種，居中國諸玉之首。和田玉屬角閃石類軟玉，主要成分是矽酸鈣錳。摩氏硬度為6～6.5，比硬玉稍低；密度為2.96克／公分^3～3.17克／公分^3，比硬玉稍輕。

和田玉的顏色與其他軟玉相比，色調較多，以白色、青色、黃色、黑色等為基本色調，還有一些過渡色，如青白色、灰白色等等。顏色不僅是評價和田玉質量優劣的重要標準，而且也是劃分和田玉種類的主要依據。

在和田玉諸多品種中，和田白玉最為名貴。具體來說，和田白玉又有梨花白、羊脂白、象牙白、雪花白、糙米

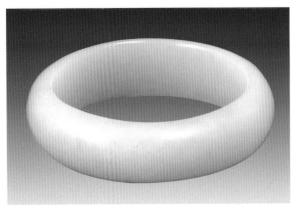

和田白玉手鐲

白、魚肚白等多種。其中又以羊脂白玉品質為最。清人陳性在其《玉紀》中贊道：「其玉體如凝脂，精光內蘊，質厚溫潤，脈理堅密，聲音洪亮。」但羊脂白玉也分品次，產於水底的名「籽玉」，為上；產於山上者為「寶蓋玉」，次之。

和田玉的產地分佈於塔里木盆地之南的崑崙山。玉成礦帶斷續長1100多公里，西起喀什地區塔什庫爾幹縣之東的安大力塔格及阿拉孜山，中經和田地區南部的桑株塔格、鐵克里克塔格、柳什塔格，東至且末縣南阿爾金山北翼的肅拉穆寧塔格。

和田青白玉瑞獸印章

20 和田玉有哪些品種？

按和田玉產出的情況，自古以來將其分為山產和水產兩種。山產的叫「寶蓋玉」，水產的叫「籽玉」。當地採玉者則根據和田玉產出的不同情況，將其分為山料、山流水、籽玉三種。

（1）山料。山料又名「山玉」，或叫「寶蓋玉」，指產於山上的原生礦。山料的特點是塊度大小不一，呈棱角狀，良莠不齊，質量常不如籽玉。有不同玉石品種的山料，如白玉山料、青玉山料等。

（2）山流水。山流水由採玉和琢玉藝人命名，即指原生礦石經風化崩落，並由河水搬運至河流上游的玉石。山流水的特點是距原生礦近，塊度較大，棱角稍有磨圓，表面較光滑。

（3）籽玉（籽料）。籽玉又名「籽兒玉」，是指原生礦經剝蝕後被流水搬運到河流中的玉石。它分佈於河床及兩側階地中，玉石裸露於水中或埋於地下。籽玉的特點是塊度較小，常為卵形，表面光滑。因為流水長期搬運、沖刷以及人工分選，所以籽玉一般質量較好。籽玉有各種顏色，白玉籽玉叫「白玉籽」，青白玉籽玉叫「青白玉籽」，青玉籽玉

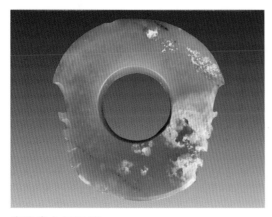

商代青白玉玉鉞

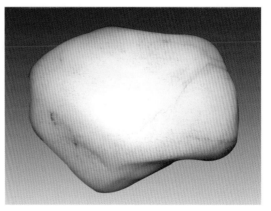

和田玉籽料

叫「青玉籽」。

21 和田玉的「外皮」有哪些種類？

和田玉的外皮，按其成分和產地等特徵，可分為色皮、糖皮、石皮三類。

（1）色皮。指和田籽玉外表分佈的一層褐紅色或褐黃色玉皮，很薄，一般小於1毫米。色皮的形態各種各樣，有的呈雲霧狀，有的呈脈狀，有的為散點狀。

（2）糖皮。指和田玉山料外表分佈的一層黃褐色玉皮，因顏色似飴糖色，故把這種玉石稱為「糖玉」。糖玉的糖皮較厚，從幾毫米到二三十毫米，常將白玉或青玉包圍起來，呈過渡關係。

（3）石皮。指和田玉山料外表包圍的圍岩。一種圍岩是透閃石化白雲石大理岩，這種石包玉的石與玉界線清楚，可以分離。另一種圍岩是透閃石岩，如和田玉是在地質作用下形成的透閃石，由於形成不徹底，在玉的表面常附有粗晶狀的透閃石，這種石皮與玉只是界線過渡。工藝界稱玉的陰陽面，陰面就是指玉外表的這種石質。

22 如何鑑定和田玉？

鑑定和田玉，主要從顏色、質地兩方面考慮。

和田玉顏色以白色和青色為基調，色調比較均勻。白色的白玉，特別是羊脂玉，為和田玉所特有。岫玉和南陽玉也有白色的，但沒有和田玉純正，有的還帶有綠色等雜色。青色的青玉，有時與綠色的瑪納斯碧玉和岫玉等容易混淆，要掌握青色的特點，它介於藍與綠之間。和田玉籽玉有的有皮色，皮色色調多為褐色，限於局部。古玉有的浸色後表皮也呈褐紅色，但浸色常不均勻，色澤較深。

和田玉質地緻密細膩，滋潤柔和，具油脂光澤，給人以柔中見剛之感，白玉尤為明顯。其他玉石也有質地細膩的，但是滋潤和油脂光澤不及和田玉。清代陳性《玉紀》記載：和田玉「玉體如凝脂，精光內蘊，質厚溫潤，脈理堅密，聲音洪亮」。這些都是和田玉典型特點的表現。

和田玉質純，雜質極少。雜質常為鐵質和石墨，鐵質多分佈於裂紋處，呈褐色或褐黑色，肉眼可辨。石墨呈黑色，分佈於墨玉中，或呈星點狀、集合體狀，在白玉中呈現黑色星點，或雲霧狀、條帶狀

和田青玉雙耳爐

黑紋等，俗稱「青花玉」。其他玉石一般沒有此情況。大理岩可見類似情況，但大理岩非玉石，粒度也很粗，易於區別。

23 獨山玉有什麼特徵？

獨山玉料

獨山玉也稱「南陽玉」或「河南玉」，也有簡稱為「獨玉」的，產自河南南陽市獨山。早在 6000 年以前，古人已開採獨山玉，安陽殷墟婦好墓出土的玉器中，有不少獨山玉的製品。西漢時曾稱獨山為「玉山」。

獨山玉屬鈣鋁矽酸鹽岩類，主要成分為基性斜長石、輝石，少量橄欖石、角閃石、黑雲母，可有微量鉀長石、石英出現。摩氏硬度為 $6.0 \sim 6.5$，密度為 2.73 克／公分^3～3.18 克／公分^3。

由於色澤鮮豔、透明度好等優點，獨山玉躋身中國「四大名玉」之列。

獨山玉是一種多色玉石，按顏色可分為八個品種：即綠獨山玉、紅獨山玉（又稱「芙蓉玉」）、白獨山玉、紫獨山玉、黃獨山玉、黑獨山玉（又稱「墨玉」）、青獨山玉、雜色獨山玉。獨山玉以色正、透明度高、質地細膩和無雜質裂紋者為最佳。其中以芙蓉石、透水白玉、綠玉價值較高，並且高檔獨玉中的翠綠色的品種與緬甸翡翠相似，故有「南陽翡翠」之譽。

24 為什麼把綠松石列入「四大名玉」？

綠松石，也可以簡稱為「松石」，古人稱其為「碧甸子」、「青琅玕」，是有著悠久歷史和豐富資源的傳統玉石，被列為中國「四大名玉」之一。綠松石在世界珠寶玉石中象徵成功與必勝，被定為 12 月的誕生石。中國地質界老前輩章鴻釗先生在其名著《石雅》中解釋說：「此（綠松石）或形似松球，色近松綠，故以為名。」

綠松石是含銅的地表水與含鋁和含磷的礦物或岩石作用後在裂隙中沉澱形成的，屬三斜晶系。晶體形態呈緻密的隱晶質集合體，有時呈皮殼狀、結核狀，單個晶體極為罕見。顏色多呈天藍色、淡藍色、綠藍色、綠色、帶綠的蒼白色。具玻璃光澤至油脂光澤，條痕白色，不透明。摩氏硬度為 $5 \sim 6$，密度為 2.6 克／公分^3～2.9 克／公分^3。

中國開採綠松石的歷史較早，早在新石器時代它就被作為一種美玉廣泛使用，歷代文物中均有不少綠松石製品。比如河南鄭州大河村仰韶文化（距今 4400～6500 年）遺址中出土兩件綠松石製成的 28 公分長的魚形飾物；河南偃師二里頭遺址出土大型綠松石龍形

器，這個綠松石龍形體長大，巨頭蜷尾，龍身曲伏有致，色彩絢麗，龍身長64.5公分，中部最寬處4公分；在東北及遼河流域的大連郭家灣、丹東東溝、喀左東山嘴、阜新胡頭溝及內蒙古克什克騰旗等紅山文化遺址中皆發現綠松石飾物，其中有珠、墜、魚形墜及鴞形飾等。

目前，已知中國綠松石礦山有鄂西北地區，陝西白河縣，河南淅川縣，安徽馬鞍山，雲南昆明、安寧以及新疆哈密戈壁灘、黑山嶺等地。

25 岫玉有何特點？

岫玉又稱「岫岩玉」、「岫岩石」、「新山玉」，是我國早已被發現的一種重要的玉器原料，是「四大名玉」之一，產於遼寧省岫岩縣。

岫玉物質成分複雜，物理性質、工藝美術特點等亦多有差別，因而它不是

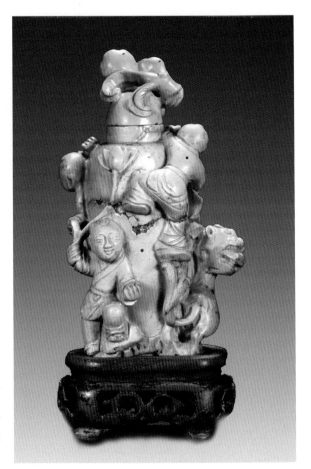

綠松石童子鼻煙壺

一個單一的玉種。按礦物成分的不同，可將岫岩玉分為蛇紋石玉、透閃石玉、蛇紋石玉和透閃石玉混合體三種，其中以蛇紋石玉為主。岫玉摩氏硬度為4.8～5.5，密度為2.45克／公分^3～2.48克／公分^3。

岫玉的顏色有深綠、綠、淺綠、黃綠、灰綠、黃褐、棕褐、暗紅、蠟黃、白、黃白、綠白、灰白、黑等色。岫玉顏色的深淺與鐵含量的多少有關，含鐵多時一般色深，反之則色淺。岫玉還有強烈的蠟狀光澤、玻璃光澤，有的顯油脂光澤；微透明至半透明，少數透明。

中國對岫玉的認識和開發利用有悠久的歷史，如在距今6800～7200年的遼寧瀋陽新樂文化遺址就出土有用岫玉製作的刻刀；遼寧朝陽和內蒙古赤峰一帶，距今約5000年的紅山文化遺址出土有用岫岩玉製作的手鐲；河南安陽殷墟婦好墓出土的一些玉器和河北滿城西漢早期中山靖王劉勝墓出土的「金縷玉衣」的玉片，也都有一部分是用岫玉製作的；遼寧建平縣出土的「玉豬龍」、內蒙古翁牛特旗三星他拉村出土的「玉鉤龍」等，均為岫玉製作。

目前，岫玉的用途很廣，大量的優質岫玉主要用於雕成各種山水盆景、人物、動物和茶具、酒具等工藝品。由於美麗的淡綠色及柔和的光澤很可愛，頗受人們青睞，因而其在國內外都很暢銷。另外，接近半透明的優質岫玉還廣泛用於製作手鐲、項鏈珠、各種小掛

岫玉原石 河磨玉

件（觀音、胖佛及玉元寶等）和健身球等。但因其硬度低，在玉器被擦拭的過程中，容易被磨損而使本來不強的光澤逐漸變暗淡，遠不如翡翠玉器那樣越擦越亮，故岫玉屬低檔玉料。

 26 什麼叫河磨玉？

河磨玉是岫岩玉中的極品玉，遼寧岫岩縣出產。

億萬年前，岫岩地區的透閃石玉礦裸露於地表，經風化後，成為大小不同的塊狀玉礦石，在被山洪沖下山後，在河水裏隨卵石一起運動，便磨成卵石狀，被稱為「河磨玉」，俗稱「東北玉」。其色澤絢麗，鮮豔奪目，質地堅硬細膩，敲打時會發出古磬奏鳴般之聲，價格較高。

27 藍田玉有何特徵？

藍田玉因產於藍田而得名，《漢書·地理志》中提到，美玉產自「京北（今西安北）藍田山」。後來的《後漢

藍田玉擺件

書·外戚傳》、張衡《西京賦》、《廣雅》、《水經注》和《元和郡縣圖志》等古書，都有藍田產玉的記載。

藍田玉產自於陝西省西安市東南古城藍田，是一種白色軟玉，屬於蛇紋石化透輝石礦物，主要成分是矽，呈現黃、白、灰等各種玉色。其中以白色微透明的為上品，經過琢磨後，能呈現出類似玻璃的光澤。摩氏硬度2～6，容易加工，是良好的玉雕和製作工藝美術品原料。

藍田玉是我國古代的著名玉種。在5000年前的新石器時代，藍田玉已被先民磨製成石器，陝西歷史博物館珍藏的125件神木石峁龍山文化玉器中，就有一件用藍田玉製作的菜玉鏟。鏟呈草綠色，刃端夾有淺褐色，長梯形，體扁薄，平直背殘一角，刃微斜，圓穿偏於一邊，長16.8公分，寬7.5公分，極薄，厚僅0.2公分。

到了戰國時期，藍田玉得到較大規模的開發。甘肅天水市發現的戰國大玉鉞，有著藍田玉特有之綠灰色和斑駁的紋理。該大鉞體扁平，作板鏟狀，寬弧刃，兩角翹出。鉞體兩側有美麗的內收弧線並各透雕兩個長方形孔。

對於藍田玉，我們還要注意一個問題。我們所說的現代藍田玉實際上是一種假玉，是由方解石和葉蛇紋石、滑石組成的蛇紋大理岩，呈黃色、米黃色、蘋果綠色，不能與古代藍田玉相混淆。

28 孔雀石有何特徵？

孔雀石是一種古老的玉料，中國古代又稱為「綠青」、「石綠」或「青琅玕」，因顏色酷似孔雀羽毛上斑點的綠色而得名。

孔雀石是原生含銅礦物氧化後所形成的表生礦物，產於銅礦上部的氧化帶中。此石多呈塊狀、鐘乳狀、皮殼狀和同心條帶狀。它的摩氏硬度為3.5～4，密度為3.9克／公分^3～4克／公分^3。

孔雀石的綠色非常豐富，從淺到深，從淡到濃，可謂綠色千種，色色俱全。除此之外，在它的彩色中還具有奇妙多變的花紋，其品質以花紋美麗和色澤鮮豔者為上品。孔雀石的這種獨一無二的美麗是其他任何寶石所沒有的。

我國很早就把孔雀石作為飾物，在青銅器全盛的時代，它常被用來鑲嵌在各種青銅器具上，唐宋以後還被研成粉末製成顏料。

產地：廣東陽春市、雲南、西藏等銅礦產地均有豐富的出產。

孔雀石原石

29 何為白玉？

　　古人最崇尚的玉石是白玉，因為白玉純潔、無瑕、溫潤。傳說楚襄王想聘莊子做宰相，送他的便是白玉璧；秦晚期，張良曾以白玉璧一對獻給項羽……可見，在古代饋贈白玉璧代表最大的敬意，白玉璧是最高檔次的禮品。在《禮記・玉藻》中有「天子佩白玉而玄組綬，公侯佩山玄玉而朱組綬，大夫佩水蒼玉而純組綬，世子佩瑜玉而綦組綬……」的記載，這表明只有皇家貴族才能佩戴白玉。白玉如此珍貴高雅，那到底何為白玉呢？

清乾隆羊脂白玉三和環繩形手鐲

　　所謂「白玉」，意即白顏色的玉，不管其產地、種類、質地如何，都可以稱為白玉。由於微元素的差異，白玉的顏色又會呈現出不同的白色，有羊脂白、梨花白、雪花白、象牙白、魚肚白、糙米白、雞骨白等色。這些都是古人隨意起的名，實際上很難區分。

　　前文中提到和田玉中白玉最為珍貴，而白玉中最佳者為羊脂白玉，這種玉質地細膩，潔白如脂，特別光潤，給人以剛中見柔的感覺，是玉中上品。羊脂白玉產出十分稀少，極其名貴，目前在北京故宮博物院和臺北故宮博物院的軟玉藏品中，羊脂白玉屈指可數。

30 青玉和青白玉有何差別？

　　青玉，顧名思義就是指青色的玉。它由淡青色至深青色，顏色的種類很多。古籍記載有蚱子青、鼻涕青、蟹殼青、楊柳青、竹葉青等等。現代以顏色深淺不同，也有淡青、深青、碧青、灰青、深灰青等之分。

　　和田青玉是和田玉中硬度最高的，又稱為「鋼玉」，但顏色不如白玉美。青玉以青色為主，但也有在本色上出現小面積糖色（棕褐色或黃色）的，這種青玉又稱「糖玉」。糖玉多出現在白玉和青玉中，屬於從屬地位，因此不能單獨劃為玉種。

青玉四友圖雙聯壺

青白玉鏤空雙龍戲珠牌

青玉的使用有數千年的歷史。殷墟婦好墓中出土的商代晚期和田玉玉器大部分是青玉製作的。到了漢代，在中山靖王劉勝墓中出土的金縷玉衣，主要使用的是和田青玉。及至清代，清宮中的很多器皿都是用青玉製作，故宮所藏大禹治水玉山、葉爾羌玉「秋山行旅圖」山子等大型國寶級玉雕就是代表作……

可見，從殷商以來，青玉的使用數量是非常大的。這與青玉在中國歷史上產出最大直接相關。

青白玉以白色為其基調，在白玉中隱隱閃綠、閃青、閃灰等，常見的有蔥白、粉青、灰白等，屬於白玉與青玉的過渡品種，在和田玉中較為常見。

 31 碧玉有何特徵？

碧玉是軟玉中一種較珍貴的品種，意即「綠玉」，在我國以準噶爾盆地南緣的瑪納斯縣出產量最大，所以又稱「瑪納斯玉」。其玉質呈鮮綠、碧綠、暗綠色，玉石中常常含有黑點，那是因為含有磁鐵礦、鉻尖晶石等雜質所致。碧玉以色青綠、鮮綠者為貴，有黑色雜質、綠中帶灰色的次之。上好的碧玉色如翡翠，粗看易與翡翠相混；但是由於其有黑點，並且在燈下照耀時綠會失色，因此還是極易與翡翠分辨。

碧玉在古代就已經開採，歷史悠久，古代婦女常以此作頭飾，「碧玉簪」在民間就流傳極廣。在西漢楚王劉注墓出土的號稱「中國第一棺」的鑲玉漆棺所使用2095片玉片多為瑪納斯河流域之碧玉。到了唐代寶應年間，政府在天山海拔3800公尺處開設礦點，所採碧玉作為新疆呈奉朝廷之貢品。碧玉的開採和使用到了清代就更加廣泛了。據史料記載，在清代乾隆年間，清政府在瑪納斯設官辦綠玉廠，當時用瑪納斯碧玉雕琢各類玉器，碧玉成為宮中普遍使用的玉種。玉工們還善於借鑑繪畫、

清乾隆御製碧玉「樊桐仙侶圖」筆筒

雕刻、工藝美術，集陰線、陽線、平凸、隱起、鏤空等多種傳統做工於一體，又吸收了外來藝術影響並加以糅合變通，創造與發展了工藝性、裝飾性極強的玉器工藝。

1986年，揚州玉器廠國家級工藝美術大師顧永駿、黃永順用重達1.1噸優質瑪納斯碧玉雕刻而成的「聚珍圖」玉山，通高120公分、寬90公分，以著名石刻為題材，集樂山大佛、大足石佛、龍門大佛和雲岡石佛於一體，構成深邃幽秘的福地仙境，現收藏於北京中國工藝美術館。

32　如何區別翡翠與碧玉？

上好的碧玉，其顏色也是翠綠色，和翡翠差不多，所以有時與翡翠易於混淆，區分起來不是特別容易。總的來看，翡翠的顏色鮮綠，而碧玉的綠色比較遜色。翡翠一般不帶有黑點，即使有黑點時，也多為圓點狀；而碧玉卻很少有不帶黑點的，其黑點形狀也多為不規則的棱角狀。翡翠在燈下色好，碧玉在燈下色灰。

翡翠的顏色常具有一定的形狀特點，而且有綠筋；碧玉顏色較均勻，無色筋。翡翠的質地多晶瑩有神，而碧玉的質地則勻潤而性柔。在翠性方面，翡翠的特性是雪片狀、蚊子翅之類。這在碧玉中是找不到的，有時憑這一點就可以判定真偽。

33　何為墨玉？

墨玉相當珍貴而稀有，其色重質膩，紋理細緻，漆黑如墨，光潔可愛，極負盛名。古人將其與鑽石、寶石、彩石並稱為「貴美石」。

墨玉的性質與白玉相同，但質地較硬，其

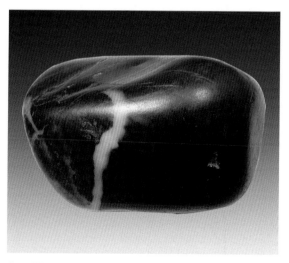

和田墨玉原石

黃玉和合二仙寶月瓶

玉色由墨色到淡黑色，其墨色多為雲霧狀、條帶狀等。在整塊料中，墨的程度強弱不同，深淺分佈不均，多見於與青玉、白玉過渡。一般有全墨、聚墨、點墨之分。全墨，即黑如純漆者，乃是上品，十分少見，又被稱為「淡墨光」、「美人鬢」等。

 34　黃玉的價值如何？

在中國古代，黃色是皇家獨佔的顏色，是王權的象徵。皇帝的龍袍是明黃色，受寵的臣子被賞賜黃馬掛，皇帝出行要打杏黃旗等等。因此黃玉在中國歷史上有著重要的地位，在歷史上一直被皇家壟斷。到了乾隆年間，對於黃玉的追捧更是達到了前所未有的地步。黃玉如此珍貴，那到底何為黃玉呢？

黃玉是軟玉的一種，屬斜方晶系，其硬度高於白玉，是不透明體，多淡色，色濃者極少。有雞油黃、蜜蠟黃、栗子黃、桂花黃等名目。其中雞油黃最為珍貴，而且是顏色越黃越好。色純細潤的雞油黃，有時價格不亞於羊脂白玉。清人谷應泰就認為「玉以甘黃為上，羊脂次之」（《博物要覽》）。但由於黃玉的出產較少，因此在玉器收藏界流傳著這樣一句俗語：「世人都曉羊脂好，豈知黃玉更難找。」可見黃玉的材料是極為難得的。

35　瑪瑙有何特徵？

瑪瑙是一種石英礦，其化學成分是二氧化矽。在礦物學中，它屬於玉髓類，一般為透明到不透明，玻璃光澤至蠟狀光澤，摩氏硬度為 $6.5\sim7$，密度為 2.55 克／公分$^3\sim$2.91 克／公分^3。據說，由於瑪瑙的原石外形和馬腦相似，故有「馬腦變石」之說，成為「馬腦」，後因「馬腦」屬玉，才改寫成「瑪瑙」。

我國古代關於瑪瑙的記載很多。漢代以前的史書，稱瑪瑙為「瓊玉」或「赤玉」。三國時張揖所撰的《廣雅》中就有「瑪瑙石次玉」和「玉赤首瓊」之說。

瑪瑙色白者為純正，世間少見。大多因其他金屬元素侵入而形成紅、黃、藍、綠、灰、褐、黑等色，有時幾種顏色相雜或相間出現，有透明、半透明和不透明者，具玻璃光澤至蠟狀光澤。瑪瑙因顏色和紋帶形態的不同，而有各色名目，如紅瑪瑙、白瑪瑙、綠瑪瑙、藍瑪瑙、巧色瑪瑙、冰糖瑪瑙、水草瑪瑙、水膽瑪瑙等。其中紅色是瑪瑙中的主要顏色，而紅瑪瑙中以紅、纏絲

清　瑪瑙海棠花式洗

紅、大紅、橘紅為上色，暗紅、紫紅為下色。水膽瑪瑙是瑪瑙中最為珍貴的品種，特點是瑪瑙中有封閉的空洞，其中含有水，以膽大水多為佳。有的「搖撼之，其中有聲汩汩然」，是為上品。

瑪瑙是中國的傳統玉材，在各地的出土飾器中，常見成串的瑪瑙珠項飾或瑪瑙杯等製品。

 36 玉髓和瑪瑙是一種東西嗎？

礦物學中，玉髓和瑪瑙統稱為「玉髓」。而在玉石界，人們將其中具有紋帶構造的隱晶質石英集合體稱為瑪瑙，而將無紋帶構造的隱晶質石英集合體稱為玉髓。

玉髓是自然界最常見的玉石品種，也是人類歷史上最古老的玉石品種之一。中國早在新石器時代，玉髓即已作為飾物出現，以後歷代不絕。玉髓多呈纖維狀、鐘乳狀、葡萄狀、腎狀塊體。具蠟狀光澤，半透明或微透明。

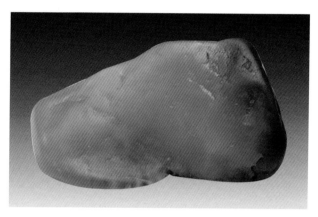

綠玉髓原石

顏色多種，並可按顏色分為如下品種：因含氧化鐵而呈紅或褐紅色者稱紅玉髓或光玉髓，其中呈血紅色者稱血玉髓。因含氧化鎳而呈蘋果綠或碧綠色者，稱綠玉髓或澳洲玉；而在這些綠色中分佈著深紅色小點，狀如血滴者稱血滴石；呈深藍色的稱藍玉髓。

碧石是玉髓的一種，為成分不純的玉髓，又被稱為肝石。其成分中含有黏土礦物和氧化鐵等礦物雜質，通常表現為不透明或微透明，且光澤亦稍暗於普通玉髓。碧石的顏色豐富，其品種按顏色分而有紅碧石、綠碧石、白碧石、黃碧石等。由於顏色十分美觀，因此碧石可用作中、低檔玉料。

螢石原石

 37 夜光玉是什麼？

夜光玉是古代著名玉種之一，產自甘肅祁連山，是能產生發光效應的玉種，摩氏硬度為6.5。

夜光玉是一種蛇紋石化大理

岩，以白裹透綠者為最佳，可與岫岩玉媲美。

38 真的有夜明珠嗎？

夜明珠亦稱「夜光石」、「夜光璧」或「放光石」。古代著名的夜明珠有「隨珠」、「懸黎」、「重棘之璧」、「石磷之玉」等。

夜明珠稀有、珍奇、高貴、華麗、神秘，在我國歷史上已自成一種文化。

現已知道夜明珠實際上是一種具有磷光現象的螢石，它因含有各種稀有元素而呈紫紅、粉綠、翠綠、墨綠和斑斕狀的雲霧白色。螢石礦物在結晶過程中，有一種特有的稀土元素進入晶格形成自身的「發光中心」。它的摩氏硬度為4～4.5。

祖母綠

39 祖母綠為何珍貴？

「祖母綠」一詞起源於古波斯語，又稱為「呂宋綠」、「綠寶石」，與鑽石、紅寶石、藍寶石並稱世界四大名寶石，是綠柱石家族中最珍貴的成員，其產地主要有哥倫比亞、贊比亞、津巴布韋、巴西和中國雲南南部地區。

祖母綠是一種含鈹、鉻的矽酸鹽礦物結晶體，因含微量鉻或釩而呈青翠綠色，氧化鉻含量可達0.186％，折光率為1.576～1.582，並有帶黃和帶藍綠色的二色性。由於它具有美麗、柔和的綠色，給人以舒適、安詳的享受，所以常常看它可以消除眼睛的疲勞。由於硬度高，自然界稀少難得，故其歷來為收藏家所青睞，被列為銀行庫存的「硬通貨」。

相傳祖母綠是經「絲綢之路」傳入中國的，曾先後被譯成「助木剌」、「子母綠」、「芝麻綠」等。而對祖母綠的文字記載最早出現於元朝；到了明朝，《明史·食貨志》、宋應星的《天工開物》裏均提到祖母綠，並且在明十三陵中還有不少祖母綠寶石出土。及至清朝，文獻資料對祖母綠有了具體描述，而使用只屬於王公貴族等，在慈禧太后的殉葬品中，有兩顆重達80克拉的祖母綠寶石。

40 碧璽有哪些顏色？

由於顏色鮮豔、多變而且透明度高，自古以來碧璽深受人們的喜愛，在我國古代特別受到王公貴族及士大夫青睞。在慈禧太后的殉葬品中，有一朵用碧璽雕琢而成的蓮花及西

瓜碧璽做成的枕頭，非常精美，價值連城。

關於「碧璽」這個詞，最早出現於清代典籍《石雅》之中：「碧亞玹之名，中國載籍，未詳所自出。《清會典圖》云，『妃嬪頂用碧亞。』《滇海虞衡志》稱：『碧霞碧一曰碧霞玭，一曰碧洗；《玉紀》又做碧霞希。』今世人但稱碧亞，或作璧碧，然已無問其名之所由來者，惟為異域方言，則無疑耳。」

35

紅碧璽原石

實際上，碧璽就是電氣石，指天然的、色彩豔麗的、透明結晶的寶石級電氣石。因色彩十分豐富，故其有「多色寶石」或「多色電氣石」之稱。

「碧璽」一詞系工藝名稱。寶石級電氣石多為鎂電氣石或鋰電氣石，屬三方晶系，單晶體狀，柱面上有縱紋，橫切面為球面三角形，集合體為棒狀、放射狀、纖維狀、囊針狀、緻密狀。據說碧璽晶體的顏色多達15種複色，顏色以無色、玫瑰紅色、粉紅色、紅色、藍色、綠色、黃色、褐色和黑色為主，其中更以通透光澤的蔚藍色、鮮玫瑰紅色及粉紅色加綠色的複色為上品。根據顏色、透明度、光學效應及質地等差異，可將碧璽分為「紅碧璽」、「綠碧璽」、「巧色碧璽」、「西瓜碧璽」、「貓眼碧璽」等多種。

碧璽的主要產地有巴西、美國、馬達加斯加、坦桑尼亞、肯尼亞、斯里蘭卡、緬甸、阿富汗、尼泊爾、俄羅斯、義大利和中國的新疆阿勒泰地區。

清青金石山子

41　青金石有何特徵？

青金石又稱「天青石」，是一種由青金石礦物組成的玉材，常含方解石、黃鐵礦、透輝石等，沒透明度和變化的光澤。摩氏硬度為5～5.5，密度為2.7克／公分^3～2.9克／公分^3，折光率為1.5。新疆、西藏等地多有出產。

青金石玉質呈獨特的藍色，有深藍、鮮藍、天藍、淡綠藍、紫藍等色，因含黃鐵礦，故而有金色的斑點，稱「金星」。這些金星猶如佈滿藍天的星星，或如金屑散亂，光輝燦爛。這正如我國近代著名的地質學家章鴻釗在《石雅》一書中

所寫：「青金石色相如天，或複金屑散亂，光輝燦燦，若眾星之麗於天也。」故古人尊青金石為「天石」，用作禮天之寶。

《清會典圖考》中稱：「皇帝朝帶，其飾天壇用青金石。」青金石的質量就是以色、金為標準進行評定的，質純色（靛藍）濃、金星燦爛均勻者則為上品。青金石因藍得非常深沉而純正，古人以此達「升天之路」，故多用來製作皇帝的葬器。

42 琉璃是什麼東西？

「琉璃」是外來語音譯詞彙，源於梵語「吠努離耶」，意思是「遠山之寶」。其實，其本質就是現在的玻璃。「琉璃」一詞傳入我國是漢代以後的事，其古老名稱有流離、瑠璃、瑠瓈、謬琳、鳴球、天球、瑾瑜等。佛教傳入中國以後，又稱之為「璧琉璃」、「吠琉璃」、「毗琉璃」等。

琉璃是中國五大名器（金銀、玉翠、琉璃、陶瓷、青銅）之一、佛家七寶（金、銀、琉璃、頗梨、硨磲、赤珠、瑪瑙）之一，可見其珍貴。對於琉璃，古籍中大概有三種說法：

（1）指玉石，半透明。如《後漢書・西域傳・大秦》中記載：「土多金銀奇寶，有夜光璧、明月珠、駭雞犀、珊瑚、虎魄、琉璃、琅玕、朱丹、青碧。」

（2）指琉璃釉料，常見的顏色有黃、藍、綠、白、孔雀藍、茄皮紫等顏色，多加在黏土的外層，燒製成琉璃瓦等。如《西京雜記》卷二提到：「（昭陽殿）窗扉多是綠琉璃。」

（3）指古代玻璃，其所含的元素是鉛和鋇。如《魏書・西域傳・大月氏》記載：

隋代琉璃瓶

梅花玉擺件

「其國人商販京師，自云能鑄石為五色琉璃。於是採礦山中，於京師鑄之。既成，光澤乃美於西來者。」

43 何為梅花玉？

梅花玉主要產自於河南汝陽縣，又被稱為「汝州玉」，經磨光加工後，因呈現美麗的梅花圖案或其他花紋而得名「梅花玉」。

梅花玉屬矽化杏仁狀安山岩，是由火山中噴發出的岩漿冷凝而成的。摩氏硬度為6～7，密度為2.74克／公分³。優質梅花玉玉質緻密、細膩、堅韌，為黑、褐紅和灰綠色，以黑底色為佳。梅花紋顏色有紅、綠、白，以三色花紋同時出現在黑底色上的多色梅花玉為精品，少數呈紫紅色，具油脂光澤，微透明。

梅花玉是中國古代著名品種之一，其開採和使用始於商周時期，考古學家曾在商周遺址中發現了許多梅花玉裝飾品。至東漢初期，梅花玉被光武帝封為國寶。《水經注》載：「紫羅（汝陽一山名）南十餘里，有玉床、洞雪百丈，其玉縝密，散見梅花，曰寶。」

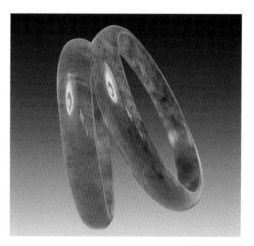

44 何為密玉？

密玉因主要產地位於河南新密市城西部而得名，又稱「河南玉」。它是沉積變質石英岩，含有鐵鋰雲母礦物質，摩氏硬度為6～7，密度為2.63克／公分³～2.7克／公分³。

密玉的玉質緻密細膩，性脆如白玉，玉體呈半透明或不透明狀，屬於中低檔玉料，可雕刻成各種擺件和飾品。密玉的顏色包括橙紅色、蘋果綠色、灰綠色、紫灰色、綠色等。也有一些密玉為後期上色。密玉在古時即被開採利用，多用來製作煙嘴、手鐲等小件。

密玉手鐲

45 崑崙玉有何特徵？

崑崙玉又稱「青海軟玉」，產於青海格爾木市崑崙山，是一種陽起石

崑崙白玉藕荷童子

軟玉，成分中透閃石占95％，陽起石占2.2％，晶體呈氈狀、隱晶結構。摩氏硬度為6～7。崑崙玉細膩均勻、晶瑩剔透、光澤滋潤、透明度高，可分白玉、灰玉、青玉、白加翠、糖包白等。崑崙玉中的「白加翠」是白中帶有碧綠的玉質顏色，紋理細膩獨特，色澤美麗豐富。這種玉是崑崙玉所獨有的，非常奇特。

崑崙玉與和田玉可以說是大自然中的孿生兄弟，兩者同處於一個成礦帶上，崑崙山東段出產的軟玉曰「崑崙玉」，崑崙山西段出產的軟玉曰「和田玉」，直線距離不過300公里。因此它們在物質組合、產狀、結構特點上基本相同，只是在物性的某些方面略有不同。

酒泉玉原石

 46　酒泉玉有何特徵？

酒泉玉產於甘肅酒泉市附近祁連山中，故又稱「祁連玉」。

酒泉玉屬蛇紋石族玉石，與岫岩玉相同，但玉色極易與岫岩玉相區別。酒泉玉呈半透明狀，以綠色為多，帶有均勻的黑色斑點。其結構緻密，色澤鮮麗、柔和，摩氏硬度為4～7，有較高的工藝欣賞價值和經濟價值。其雕製品細膩、滋潤，具半透明感。

酒泉玉的開採始於新石器時代，距今4000多年的齊家文化所出土的精美玉璧，即以酒泉玉製成。唐代詩人王翰《涼州詞》中提到「葡萄美酒夜光杯，欲飲琵琶馬上催」，此夜光杯據說也是用酒泉玉所製。

 47　何為鴛鴦玉？

鴛鴦玉是一種蛇紋石質軟玉，產於甘肅武山縣鴛鴦鎮。其化學成分是蛇紋石、碳酸鹽、滑石、磁鐵礦及鉻尖晶石等，摩氏硬度為6。鴛鴦玉的歷史悠久，陝西碑林博物館陳列的秦始皇所用碗、斛等都為鴛鴦玉琢成。

 48　靈璧玉是玉嗎？

靈璧石因產於安徽靈璧縣而得名。雖為古代名玉之一，但實際上靈璧玉不能算玉。它其實是元古代碳酸鹽夾疊層石灰岩，即灰岩或白雲質灰岩，故又稱為「靈璧石」。摩氏硬

度為 3～4，密度為 2.73 克／公分 ^{3} 左右。

靈璧玉色澤豔麗、紋飾美觀、質地緻密堅韌。乾隆帝曾讚譽它為「天下第一石」。其品種頗多，最著名的有紅皖螺、灰皖螺及磬雲石。其中磬雲石為隱晶質石灰岩，由顆粒大小均勻的微粒方解石組成，因含金屬礦物及有機質，岩石顏色漆黑，拋光後鏡面異常光亮，能顯映物影，相當美麗。不僅如此，它還能發出八音，為製作古樂器的優質材料。歷代用它製磬，故又名「磬石」。

清代靈璧石擺件

 49 煤玉是煤還是玉？

煤玉又叫「煤精」，古人稱「石墨精」。它生成於距今約 3000 萬年的新生代第三紀，藏身在幾十公尺或數百公尺的煤海之中，上覆蓋著矸石、煤炭，下邊才是煤玉。其摩氏硬度為 2.5～4，密度為 1.30 克／公分 ^{3} ～1.35 克／公分 ^{3}，折射率為 1.66，可雕性良好。

煤玉用作飾物已有悠久的歷史。在距今 7000 多年前，瀋陽新樂新石器時代遺址中所出土的文物中就有煤玉珠、煤玉耳璫等煤玉雕製品。然而煤玉雕刻藝術真正成為一門工藝，還是近百年的事情。

煤玉產自遼寧撫順、內蒙古鄂爾多斯盆地，山東新汶、棗莊、兗州，山西渾源、大同等。

松耳石擺件

 50 松耳石是玉嗎？

松耳石在國外被稱為「土耳其玉」。這是一種含銅、鋁和水的磷酸鹽礦物，質地細

膩，具半油脂狀到蠟狀光澤，顏色多呈天藍、暗藍、藍綠和綠色。松耳石以呈現極為鮮明的、濃豔的天藍色為最優，綠色其次。摩氏硬度為 4～5.3，密度為 2.6 克／公分³～2.8 克／公分³。

松耳石是中國古老的傳統玉石。「松耳石」一名始見於《清會典圖考》，它的古名今已很難考證。元代稱「甸子」，因其產於波斯尼舍卜（今伊朗尼沙普爾）地區，故稱「回回甸子」；而產於中國湖北襄陽地區的，稱為「襄陽甸子」，襄陽是中國松耳石的主要產地。

51 水晶有什麼特點？

水晶的礦物成分為二氧化矽，屬三方晶系，晶體呈六方柱狀，即由六個柱面和六個棱面組成的六棱柱體。它具有玻璃光澤，摩氏硬度為 7，密度為 2.66 克／公分³。因顏色的不同或包裹體的形狀而定名。無色的稱「水晶」，紫色的稱「紫晶」，黃色的稱「黃晶」，紅色的稱「紅水晶」，煙黃褐色的稱「煙晶」、「茶晶」，黑色的稱「墨晶」；有細如毛髮之針狀包裹體者稱「髮晶」，有粗如鬃毛之針狀包裹體者稱「鬃晶」，有含水珠滾動包裹體者稱「水膽水晶」。此外，還有含杏一枝的，竹一片的。

我國水晶使用的歷史很悠久，早在新石器時代就開始使用了，以後歷代的墓葬和出土文物中都可見水晶製品。

芙蓉石又稱為「紅水晶」、「玫瑰水晶」、「薔薇石英」。摩氏硬度 7，密度為 2.65 克／公分³。其化學成分主要為二氧化矽，透明或半透明，是水晶的一種。

清水晶雙耳十角杯

貓眼石

52 貓眼石有什麼特點？

貓眼石，俗稱「貓兒眼」，古稱「獅負」，在礦物學中是金綠寶石中的一種，屬金綠寶石族礦物，摩氏硬度 8.5，密度 3.71 克／公分³～3.75 克／公

分[3]。貓眼石表現出的光現象與貓的眼睛一樣，靈活明亮，能夠隨著光線的強弱而變化，因此而得名。這種光學效應，稱為「貓眼效應」。貓眼石顏色繁多，如蜜黃、褐黃、酒黃、棕黃、黃綠、黃褐、灰綠色等，尤以蜜黃色最為名貴。

木變石三多紋筆插

53　漢白玉是玉嗎？

漢白玉不是玉，是一種純白色的白雲質大理岩，為名貴的石雕材料之一。如北京天安門前的石華表、石雕、欄杆、雲龍等均為古代漢白玉的傑作。

漢白玉主要產於北京房山區、江蘇銅山縣、湖北鄖縣、河南嵩山、四川寶興、新疆哈密等地。

54　東陵石是中國的特產嗎？

東陵石又稱「冬陵石」，是一種含鉻雲母的油綠石英岩，其色很美。原產於印度，又被稱為「印度玉」。和佛教一起傳入中國，在隋唐五代十國時期就有使用。

55　綠滑石是玉嗎？

綠滑石又名「綠凍石」，是開採菱鎂礦、滑石礦的副產品，色綠似凍，初名「綠滑石」，後又名「綠凍石」。呈淡綠、黃綠、綠、深綠等色，具蠟狀光澤，微透明至半透明。摩氏硬度為2.5～2.8，密度為2.8克／公分[3]。質地緻密細膩。在古代也用來做玉石材料。

56　木變石是木頭變成的嗎？

木變石是木頭形成的化石，產於河南淅川縣、內鄉縣，因其外貌似木質而得名。

木變石質地緻密堅硬，摩氏硬度為7。有黃、黃褐、褐紫、藍、藍綠、藍灰等色。其

紅山文化黃玉鐲

中黃色而具有貓眼效應的稱為「鷹睛石」，褐藍相間的則稱為「斑馬虎睛石」，以鷹睛石價值最高。優質的鷹睛石，藍色美麗，主要用於製作手鐲、戒面等。具有貓眼效應的虎睛石，則主要用於製作手鏈珠和項鏈珠，也有以大粒原料製成蛋形戒面的，但因貓眼死板，價值不高。

57 東方玉、西方玉和南方玉產地各在哪裏？

「東方玉」是一種蛇紋石和透閃石共生的礦物，摩氏硬度在4.5～5.5之間。早期出產於中國中原和沿海地區的玉被稱為「東方玉」。這些地區包括北京昌平、河南南陽、遼寧岫岩、吉林集安和陝西藍田以及太湖流域。從新石器時代到商代中期的古玉，大多使用此類材料。

由商代晚期起，又有一類玉加入了中國玉器的行列，主要出產於新疆南部和貝加爾湖一帶，被人們稱為「西方玉」。這類玉是透閃石和陽起石的混合礦物解閃石。從商代後期直至漢代這一階段，西方玉逐漸成為中國玉器的重要玉料。

南方玉又稱南玉，因其產於廣東省的信宜，故又稱為「信宜玉」。又因類似岫玉，亦有「南方岫玉」之稱。南方玉開採史不詳。

這類玉由蛇紋石組成，並含有少量金雲母、滑石、方解石、透閃石、綠泥石等，由於具有較美麗的綠色花紋，故適合做大型玉雕擺件。

玉 雕 工 藝

 58 古代採玉的方法有哪些？

　　古代採玉方法有揀玉和撈玉、挖玉、攻玉等多種方法，用以分別開採產於不同地方的玉石。

　　（1）**揀玉和撈玉**。揀玉和撈玉是古代採玉的主要方法，就是在河灘和淺水河道中揀玉石、撈玉石，主要在秋季和春季進行。這種季節性採玉，古代文獻多有記載，如五代高居誨《行程記》中說：「每歲五六月，大水暴漲。則玉隨流而下，玉之多寡由水之大小。七八月水退，乃可取。彼人謂之撈玉。」清代乾隆皇帝有詩云：「於田採玉春復秋，和田撈玉春秋貢。」在乾隆年間採玉有嚴格規定，如乾隆二十六年（1761）規定，每年春、秋兩季在玉龍喀什河和卡拉喀什河採玉兩次。乾隆四十八年（1783）增添桑谷、樹雅兩處採玉。乾隆五十二年（1787）停採春玉，只在秋天採玉。民間採玉，清代前期白玉河嚴禁民間撈玉，政府在河邊設關卡十多處，以稽查私採玉石者。直到嘉慶四年（1799）才開玉禁，規定在官家採玉之後或官家採玉範圍之外進行，人們在白天或晚上分散揀玉或撈玉。

開採出來的和田玉山料

　　（2）**挖玉**。挖玉指離開河床在河谷階地、乾灘、古河道和山前沖積、洪積扇上的礫石層中挖尋和田玉礫，這些地方的玉也是由流水帶來的。著名的挖玉地點是玉龍喀什河東岸，洛浦縣吉牙鄉的古馬特。

　　（3）**攻玉**。古代攻玉有兩種含義，一是指加工琢磨玉，一是指開採玉。一般主要是指開採山玉，即開採原生玉礦。採山玉比揀玉難，玉石在崑崙雪山之巔，交通險阻，高寒缺氧。

 59 什麼叫剖玉？

　　人們採集到的玉料，常常是像塊塊天然石頭那樣的玉璞，要把它的外表所包裹的玉皮剖切掉，才可顯出內裏的玉質。然後還須將玉料剖切成片狀，才能進入雕琢程序。

清代青玉採玉圖山子

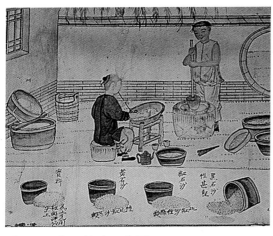

《琢玉圖》之搗沙研漿圖

《琢玉圖》之開玉圖

 60　如何相玉？

「相玉」又稱「開眼」。玉料的原石即玉璞，表面多沒有光澤，與普通的石頭一樣。因此就需要慧眼識玉，判斷其內在色澤、品質的優劣，再根據玉質、紋理、色澤等來考慮如何因材施藝。

清代谷應泰《博物要覽》中說：「凡石韞玉，但將石映燈看之，內有紅光，明如初出之日，便知內有玉也。若無玉者，則黑暗光。」

61　古代切割玉料有哪些技法？

雕琢中採用黟砣或鍘砣切割玉料，用行話說就是「黟」、「扣」、「標」、「畫」。

黟：就是用黟砣剔除玉件上的小塊餘料；

扣：用鋸片從原石兩面進刀交匯形成「V」字形豁口，取出尖角形玉料，用這種方式剜出中間部位的玉料稱為扣；

標：就是用鋸片切除玉件的餘料，無論切角、切棱都稱「標」；

畫：切割玉料中間的多餘部分，切口兩側為直立或斜立，不能採用扣切，這樣就必須用黟砣平行鋸割多餘部分料數刀，切割深度和厚度要求基本一致，然後用「掰刀」將切成片狀的餘料掰斷，這樣就形成溝槽，底部不平可用鋸片將其逐漸弄平。這就稱為「畫」。

62　古代製作玉器的工序有哪幾道？

縱觀我國傳統玉器製作的發展史，可以將我國古代玉器的製作過程大致歸納為四道工

《天工開物》中的琢玉圖

《古今圖書集成》中的琢玉圖

序，即：選料、設計、琢磨、拋光。

第一步選料。主要針對玉石原料進行分析和選擇，以決定製作成何種適合的玉器。觀皮察色是選料的第一環節，如玉料外皮厚薄如何，是否有利用價值等。選料的第二個環節就是看性，分析玉料的性質是硬性還是軟性，是凍性或者乾性。在構思設計上就要考慮到順性製作，這樣才能避免在製作時損毀玉料。第三個環節要看出玉料中的雜質。在玉器的製作過程中必須想方設法將這些雜質剔除掉，即使無法剔除，也要儘量把它掩蓋住。只有選料得當，才能加工出好的玉器。

第二步設計。將設計好的圖樣畫到玉料上，先完成大的輪廓和造型，再完成細節上的描繪。

第三步琢磨，即琢玉。這是玉器製作最關鍵的一環，也是玉器製作最獨特的技術。同石料相比，玉料的硬度更高，再加上不同的玉石也各有不同的玉性。因此玉料的琢磨比加工石料更要花心思。這正如《詩經》中所說：「如切如磋，如琢如磨。」琢玉時，製作者必須根據設計要求，透過砣具實施切割、去地、鑽孔、鏤空等各種工藝，一點一滴地細心琢磨，從而達到器物造型逼真、形象生動的藝術效果。

第四步拋光。拋光就是為了使玉器更加豔麗精美，使之具有玉料特有的光澤；但決不能損傷、破壞玉器造型和紋飾。

以上各項工序，要求細緻專一，精益求精。當然，我國古代玉器的製作遠不止如此。如清代李澄瑤所著《古玉圖說》曾記載了當時玉器製作的全過程，從備料到成型大致要經過13道工序。可見玉器的製作實際要複雜得多，並且隨著時代的不同又有不同的要求，在此只作了簡單陳述。

 63 古代琢玉有何特點？

古代製玉技法，源於製作石器。原始時代，玉器的製作和加工，只能是極其簡陋的骨製、木製或石製的工具進行簡單的手工打磨和鑽孔。在此後漫長的歲月中，我們的祖先經過世代積累，逐步創造出一套《詩經》裏所說的「如切如磋，如琢如磨」的加工工藝過程，其生產方式則是最簡單的木凳製作；玉工用雙腳上下踩動，透過皮帶帶動金屬圓盤旋

轉，施以切割和雕琢之工。琢玉藝人長期俯伏在水凳之上，一手持著玉料，一手拿著自然礦砂，手碾腳踩，汗水淋漓，從事著異常艱辛的勞動。

一件玉器作品的完成，少則需數月，多則經年，甚至還有隔代之作，無數玉工為此耗盡了畢生的心血。儘管玉器的品種一代代增加，藝術造詣在一代代深化，儘管玉文化的光輝歷千古而不衰，但其所使用的工具和琢製方法在歷經原始、奴隸和封建三種社會制度的轉換後，始終未有多大的改變。

清乾隆御製白玉雕上方山角杯

 64 何為切、磋、琢、磨？

切、磋、琢、磨是玉石器所用的工藝程序。切，即解料，解玉要用無齒的鋸加解玉砂將玉料分開；磋，是用圓鋸蘸砂漿修治；琢，是用鑽、錐等工具雕琢花紋、鑽孔；磨，是最後一道工序，即拋光。

製作玉器，先秦時期稱「琢玉」，宋代稱「碾玉」，今稱「碾琢」。

 65 何為鍘、鏨、沖、軋和鋸切？

鍘、鏨、沖、軋是玉石做細工時用的工藝步驟。鍘，將粗繪輪廓中不能鋸割的多餘部分鍘除掉；鏨，按照設計的構思進行雕刻，讓玉料初步成型；沖，對玉料進行琢削，將那些棱棱角角磨掉；軋，對玉件的細微部分進行加工。

《琢玉圖》之沖砣圖

《琢玉圖》之木砣圖

鋸切是玉雕的重要手段，將大塊玉料切割成合適的塊度，將玉料鏨出基本雛形都必須使用鋸。雕琢過程中一些技術也需要鋸，如鏤透雕琢等。

66 古代玉雕的常用工具有哪些？

古代玉雕最重要的工藝有鑽孔和紋飾，鑽孔多用管鑽，紋飾則由砣具碾出或刀具刻出。因此古代的琢玉工具有鋸料工具、砣具、鑽、水凳、刻刀、鏤弓子等，此外還有拋光、打磨等用的輔助工具。

砣，是玉雕行業非常古老的名稱，是用來打磨玉器的輪子。有木製的、銅製的，常用的是鐵製的。後來所有切割、雕刻玉器的工具均稱為「砣」。

鑽，是玉雕的重要工具之一。玉雕中鑽孔是必不可少的工序，早在新石器時代就已出現。如玉璧等器物，要是玉璧中間沒有孔，就不能稱之為玉璧了。鑽有管鑽和實心鑽兩種。管鑽通常用來鑽不透的大孔，如圓形的眼睛，也可以鑽玉鐲等中間大孔；實心鑽用來鑽透孔，如玉璧的圓孔。鑽法也有兩種，一種為一面鑽，另一種為兩面鑽。

針鑽是一種在玉器上打小孔的方法，如項鏈珠子所需要穿的孔等等，就是用這種方法打出來的。這是一種需要很高技藝的穿孔方法。

在玉器製作過程中，有些紋飾要用刻玉刀描繪。早在新石器時代就有了刻玉刀，當時的刻玉刀應該為一些硬度高於軟玉的燧石、石英等。還有一種傳說中的刻玉刀——昆吾刀。在《海內十洲記‧鳳麟洲》中記載：「昔周穆王時，西胡獻昆吾割玉刀及夜光常滿杯。刀長一尺，杯受三升；刀切玉如切泥。」但這只是傳說，昆吾刀根本不存在。

鏤弓子是一種用來鏤雕的工具，形似拉二胡的弓，所用的弦為金屬絲。這種工具始於殷商，歷代都有使用，並且有所發展。

古人利用簡單的工具配以解玉砂就可以雕琢出非常精美的玉器。解玉砂是一種研磨料，古代一直使用天然產出的解玉砂，為硬度很高的礦石，如石英砂等。

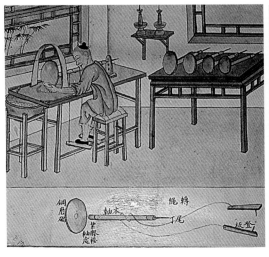

《琢玉圖》之磨砣圖

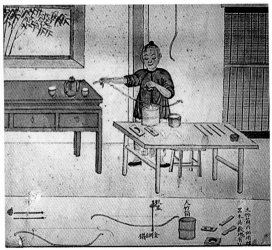

《琢玉圖》之打眼圖

67 圓雕和浮雕有何區別？

圓雕是玉雕的一種造型手法之一，即三維立體地雕刻造型，也稱為「立體雕」。多用來雕琢陳設玉器。

浮雕是在平面上雕刻出凸起的圖案或造型，把紋飾周圍的地子去掉，使紋飾高於地子的技法。可分為高浮雕和淺浮雕。

高浮雕是不作鏤空的，大量使用陰線雕製圖案，使作品的立體感很強，以平面雕刻為主，略作有立體感的層次，又名薄地陽紋。

淺浮雕叫減地陽紋，也稱減地平凸，使紋飾淺淺地凸出於地（平面）之上。

西漢圓雕玉舞人

68 透雕和平雕相同嗎？

透雕是指透空雕，即在浮雕作品中保留凸出的物象部分，而將背景部分進行局部或全部鏤空，又稱「鏤空雕」。

透雕玉器外面看起來是完整的圖案，但裏面是空的或者裏面又鑲嵌小的鏤空物件。這種玉器造型更豐富，更有立體感和靈動感。

平雕即在薄片狀的玉石平面上雕刻紋飾，分為陽刻和陰刻。

《琢玉圖》之透花圖

69 通雕、內雕和微雕有什麼不同？

通雕吸收了圓雕、浮雕、陰刻以及繪畫的某些長處，融會而成為一種獨特的形式，是一種多層次的雕琢方式。

內雕，是深入玉料內部雕出圓雕及浮雕造型的玉雕手法。

微雕是一種精細微小的平雕，即在顯微鏡下施刀，在玉器表面進行精工細雕，多用來在玉器上雕刻詩詞、繪畫等。

西漢九螭龍璧　　　　　　　　　　　　　　　清喜慶金嵌珠寶金甌永固杯

70　陰刻、陽刻和斜刻有什麼不同？

　　陰刻即凹刻，是把所要表現的對象「凹」下去，在平面地子上雕琢出勾線花紋。陰線紋即利用陰刻的方法，在玉器表面刻畫出凹下的線紋。

　　陽刻即凸雕，先勾出兩條平行的陰線，把中間的線凸出來，形成淺浮雕的效果。陽線紋即利用陽刻的技法，在玉器表面磨出凸起的線紋，故又可名為「減地起線」，即把起陽線以外的地子磨減下去，陽線自然會凸起來。

　　斜刻其實是陽刻的簡化，即用較寬陰線刻槽，使底槽深淺不一，呈傾斜形。用這種工藝雕琢的玉器輪廓雕刻得很深。

71　什麼叫勾撤？

　　勾撤是兩種琢玉刀法的組合。按照圖案紋樣勾出陰刻線條，線條深而似溝，這就是勾。然後把陰刻線一側的壁碾磨成一定的坡度，剖面為三角形，叫做「撤」。採用勾撤法雕琢的玉器，線條多為直線，轉彎處角度很大，似方折，剛健有力。

72　鑲嵌和嵌絲相同嗎？

　　鑲嵌是指玉器某部位嵌入與本器物相同或不同材料的飾件的工藝方法。在玉器上可以鑲嵌寶石和其他材料，也有的將各種玉石鑲嵌在金銀器上。

　　由鑲嵌工藝製作的玉器色彩豐富，材質豐富，極具工藝價值和審美價值。

良渚文化玉三叉形器　　　　　　　　　　　　　　　　　　　龍首紋玉杯

　　嵌絲是鑲嵌的一種，即在玉器上用鑲嵌金絲或銀絲的工藝來製作紋飾，古代又稱「金銀錯」。有些玉器嵌入金絲或銀絲時還嵌入寶石，金絲或銀絲和寶石一起組成華麗的捲草紋樣，這種工藝稱為「嵌金銀絲嵌寶石」。有些玉器鑲嵌了很多寶石，以做成山水、人物、花鳥、樓臺等形象，多用於屏風，這種鑲嵌工藝稱為「百寶嵌」。

73 什麼叫薄意和遊絲毛雕？

　　（1）薄意。即極淺薄的浮雕，因雕刻層薄而富有畫意，故名。原是壽山石雕的專用名詞，玉器行業中借用該詞。

　　（2）遊絲毛雕。始於春秋戰國，盛於漢代，漢代以後失傳，是一種多條細陰線並列使用的刀法。其效果為細線如髮絲，似斷不斷，若隱若現，婉轉飄逸，猶如古畫上的遊絲描，故名。

74 何為「跳刀」？

　　戰國時期已經成熟的「遊絲毛雕」技法到了漢代達到爐火純青的地步，構圖準確，細紋刻畫精細入微，線條走勢婉轉秀逸，但若斷若續，後世稱之為「跳刀」。這種線條在玉璧、玉人、佩飾上大量出現，有的還配以極小的細線刻圈，是識別漢玉的主要標誌。

75 何為「漢八刀」？

　　「漢八刀」是漢代玉器加工工藝中特有的一種琢玉技法，即採用簡練的線條進行刻畫，刀法粗獷有力，刀刀見鋒，剛勁挺拔，神態逼真，線條無刀痕殘留，主要用於玉握、

玉含、玉翁仲等器物中。

 76 「巧作」是什麼意思？

西周斜刻鳳鳥紋圓形佩

巧作工藝又稱「俏色」，即利用玉石的各種天然色彩和紋理特點，巧為雕刻，因材施藝，以形象上的逼真效果，使其更加生動活潑。

「留皮作」是一種特殊的巧作工藝，即利用玉石的原皮色表現玉器所要表現的形象。這樣一方面表現玉石的天然之美，另一方面精美的玉皮和精美的雕工相結合，更加豐富和擴張玉器的表現力。此外由於宋代仿古玉器盛行，當時很多玉工多利用留皮來借色表現仿古玉器的沁色。

 77 雙坡刀法和單坡刀法相同嗎？

雙坡刀法和單坡刀法都是西周盛行的刀法。雙坡刀法又名「雙勾線」、「雙勾刀法」、「勾撤法」。其基本效果為兩條比鄰的陰刻線，相向斜成減地，凸起當中的一條陽線紋。

單坡刀法是在雙坡刀法的基礎上發展起來的。即雙陰刻線平行，一條陰線平直琢磨，另一條斜磨，產生陽紋凸起的效果，俗稱「一面坡」。

 78 花上壓花和疊窪花工藝相同嗎？

花上壓花即在玉料的平面上鏤雕出前後兩層或多層圖案，極具立體感，是明代玉器製作的特色。

疊窪花，是玉器花紋雕刻工藝的一種。其所成花紋的基本效果為一凸一凹，非常有層次，呈疊窪狀，故名。

 79 何為薄胎工藝？

薄胎工藝，最初用於痕都斯坦玉器，又稱為「痕都斯坦做工」，清乾隆時期傳入中國。製作薄胎玉器需要選料適當，加工精湛，玉器的厚薄要求一致。因此製成的玉器器形端莊別緻，裝飾繁簡相宜，非常輕盈玲瓏，呈現出瑩薄如紙的效果。

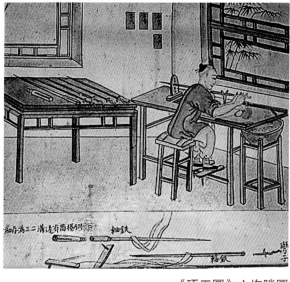

清白玉淺刻乾隆皇帝御題玉牌　　　　　　　　　　　　　　　《琢玉圖》之掏膛圖

80　內畫和刻字的差別是什麼？

內畫即在水晶、瑪瑙等透明度較好的材質內壁繪上一定圖案，從外觀賞顯得別有一番情趣。內畫工藝使用的工具是鉤形毛筆，筆伸入內膛，眼在外觀察落筆部位，勾畫畫面。

刻字指在已成的玉器上琢刻詩文、款識、年號及一些吉祥文字，尤其是一些詩文。刻字玉器往往能結合玉器的紋飾圖案，將中國傳統的詩書畫特色在玉器上表現出來。

81　「兩明造」的意思是什麼？

「兩明造」即在玉片的正反兩面鏤雕出各種各樣的紋飾。這種工藝做工精細，需要很高的技藝，最早出現於清代。

82　何為掏膛？

瓶、碗、杯等玉器，須將腹膛內的玉料取出來，這一工藝流程稱為「掏膛」。據清代李澄淵《玉作圖》可知，古代掏膛工具有鋼捲筒等。

83　拋光和上蠟有何差別？

拋光又稱「光亮」、「光活」，是琢玉的最後一道工序。玉器成品後都需要拋光，即

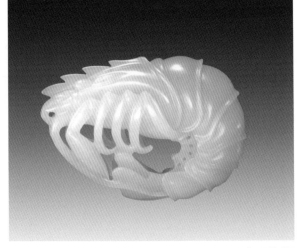

清代雙螭耳玉瓶 　　　　　　　　　　　　　　　清巧作蝦

把玉器表面磨細磨勻，使其光滑明亮，古代多為人工拋光。

　　玉器的上蠟也稱「過蠟」，是玉器成品在拋光之後通常要進行的一道工序，實際上這不是對玉器的加工工序，而是對玉器的處理工序。通常有蒸蠟和煮蠟兩種方式。

84 近代玉器製作的主要流派有哪些？

　　南派以廣州為代表，其玉雕工藝由於長期受竹木牙雕工藝和東南亞文化的影響，擅長鏤空雕與多層玉球雕琢，高檔翡翠首飾的雕琢也獨樹一幟，形成「南派」藝術風格。

　　「北派」以北京、天津為代表，作品以薄胎著名，善於利用玉色製作巧雕，莊重大方、古樸典雅。

　　「揚派」以揚州為代表，其玉雕講究章法，工藝精湛，造型古雅秀麗，善於山子雕琢藝術。巨型的玉雕著名，最具特色，如碧玉山子「聚珍圖」，白玉「大千佛國圖」、「五塔」等，都被國家作為珍品收藏，永久保存。

　　「海派」以上海為代表，以器皿（以仿青銅器為主）之精緻、人物動物造型之生動傳神為特色，雕琢細膩，造型嚴謹，莊重古雅，代表大師有「爐瓶王」孫天儀、周壽海，「三絕」魏正榮，「南玉一怪」劉紀松等。

85 北京玉石業的鼻祖是誰？

　　據傳，北京玉器製作業的鼻祖是元代丘處機（1148—1227），丘處機字通密，號長春子，山東登州棲霞人。

丘處機像

據北京工藝美術界老藝人相傳，丘處機有卓越的琢玉工藝，他在主持北京白雲觀時，將自己這種琢玉技術傳給貧苦百姓。後來北京玉石行業就根據這個傳說尊崇他為玉業鼻祖。然而在文獻上並沒有發現丘處機在這方面的記載。

86 什麼叫京作、蘇作和西番作？

京作即北京製玉，京作玉器品種繁多，風格大氣、樸實，多立體器物，造型雄渾厚重，神態生動逼真。做工以立體圓雕、浮雕為主，輔以線刻、鏤雕、透雕等，有勾花、勾撤花、頂撞花、打窪等複雜技法，因材施藝，巧用俏色，工藝精湛。京作玉器素有「工精料實」的美譽。

蘇作是蘇州製玉，代表著南方的工藝，也叫「南方作」。清代時，蘇州玉器作坊雲集，是製玉最為集中的地方。蘇作玉器造型簡單，做工單純，紋飾精美，多為小件器物，如佩飾、花片、玉墜、玉牌、玉環、煙壺等。

西番作玉器就是痕都斯坦玉器。痕都斯坦玉製作從清代開始流行，乾隆時期是西番作工藝最鼎盛時期。西番作的特點是多選用純白的玉材來雕琢，以實用品為主，如碗、盤、壺、刀把等。清乾隆時有專門的作坊仿製痕都斯坦玉器，琢製了一批造型別緻、胎薄如紙、輕巧雋秀、紋飾流暢的西番作玉器。

87 玉器業的「四大怪傑」是誰？

玉器業「四大怪傑」指潘秉衡、王樹森、劉德瀛、何榮。

潘秉衡（1912—1970），別名玉饕，中國現代琢玉史上的宗師，河北固安人。14歲輟學後到北京西四羊市大街學玉雕藝術，期滿後開設了「恒興永」玉雕作坊。經多年潛心探求，他的琢玉技術日臻成熟，被譽為北京玉器業「四大怪傑」之首。

王樹森（1917—1989），滿族，北京人，中國工藝美術大師。自幼隨父學畫和琢玉，13歲「上凳」練活。不到20歲，就在崇文門外一帶琢玉行業中嶄露頭角，30歲即與當年玉器名家潘秉衡、劉德瀛、何榮三位齊名，被譽為北京玉器「四大怪傑」之一。

劉德瀛（1913—1982），別名米丁，河北霸縣人。1928年學做玉器，1936年在北京開玉器作坊。1958年後任北京玉器廠技術廠長，獲「老藝人」稱號。

何榮（？—1983），是清末民初製玉名匠夏文忠的高足，中國工藝美術大師。

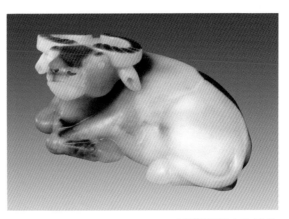

清翡翠留皮作臥牛

88　玉雕的「三原則」和「四原則」各是什麼？

　　玉雕設計的「三原則」是陸子剛提出的。即：一是玉色不美不治；二是玉質不佳不治；三是玉性不好不治。

　　「四原則」是由當代工藝美術大師方東亮提出，即：一是顧客歡迎什麼就做什麼；二是量料取材，因材施藝；三是什麼最值錢就做什麼，既要兼顧玉雕的藝術性和商品性，又要注重玉雕的社會效益和經濟效益；四是製作人員擅長什麼就做什麼。

玉 器 紋 飾

89　中國古玉紋飾有何特點？

西漢遊絲毛雕鳥紋玉璧殘器

　　中國玉器文化博大精深，影響深遠。單從其紋飾上講，它也是一部厚重的史冊。隨著人類社會歷史時期的不斷發展，玉器的紋飾也經歷了日新月異的變化歷程，因此在每一個歷史時期，都會有新的紋飾出現，也會有些紋飾消亡。有些紋飾幾乎跨越了整個玉文化的歷史，生命力極強；有些紋飾用過一個時期後就消亡了，存在時間極短暫。如良渚文化玉器上的獸面紋只出現於良渚文化時期，而同時代的紐絲紋卻一直用到清代。弦紋出現於紅山文化，而只有商朝繼承了這種紋飾。而在戰國時期出現的勾連雲紋、勾連穀紋等等，到了漢代以後就不見使用。到了唐代，在紋飾上出現了胡人形象，主要是因為當時大批西域人湧入中原。宋代出現了花鳥紋、持荷童子造型。遼、金元出現了春水、秋山造型。明清出現了山水人物造型、諧意隱喻紋、吉祥圖案紋等等。可見玉器紋飾的種類和演變的歷程能反映玉器不同的時代特點，因此，玉器的紋飾可以幫助我們鑑別玉器的年代和真偽。

90　古玉紋飾的創作素材來自哪裏？

　　古玉紋飾的創作素材主要來源於七個方面：一是人類生活中不可或缺的糧食類題材，

商雷紋玉簋

東漢長樂玉璧

如穀、粟等；二是人們密切接觸的用具和工具，如斧、繩、蒲等；三是對人類生活影響較大的自然現象，如雲、雷、水等；四是和人類生活相伴的動植物，如鳥、蛇、龜、魚、蟬、藻等；五是人類最早勾畫出來的幾何圖樣，如三角形、四邊形、圓形等；六是人類在生活的基礎上想像出來的神怪動物，如龍、鳳、螭、虺、饕餮等；七是表達人類對生活的美好願望，如吉祥紋等。

91 什麼是雲紋和雷紋？

雲紋是古代玉器的一種重要紋飾，基本特點是用連續回旋形線條構成的連續圖案，始於新石器時代，發展至今經歷了從抽象到寫實的演變歷程，式樣繁多。

雷紋是一種變形雲紋，即在雲紋拐角處呈方角，形似古文字「雷」，故名，此紋飾盛行於商周時期。

雲雷紋是雲紋和雷紋的統稱，即圓弧形的連續構圖稱為「雲紋」，方形的連續構圖稱為「雷紋」。

勾雲紋是新石器時期的一種雲紋圖案，簡單、抽象，其形似兩端同向內捲的鉤，故名。如紅山文化出土的玉勾雲形佩，這種雲紋當屬目前古玉中最早見到的。

92 不同的歷史時期雲紋有何特點？

不同時期的雲紋有不同的特點。如新石器時期雲紋以勾雲紋為主，簡單、抽象；商代常見雲雷紋；西周時期雲紋多見於裝飾性的組合紋樣；春秋時期出現了勾連雲紋、變形雲紋和雲頭紋；戰國時期多為雲雷紋、勾雲雷紋和雲渦紋；漢代的雲紋在繼承戰國時期的變體雲紋的基礎上向立體化發展，圖案也由單體向整體發展；魏晉後出現寫實雲紋；唐代以

西漢雲紋玉璜

西周夔龍紋玉環

捲雲紋為主；宋代雲紋的表現形式多樣，有單歧雲（由雲頭、雲尾兩部分組成）、雙歧雲（雲頭部分分叉）、三歧雲（雲頭部分分為三朵小捲雲）、靈芝雲等；明清雲紋線條比較細膩，但是主體紋飾變化不大。

 93 龍紋和夔龍紋一樣嗎？

龍是我國古代傳說中的神異動物，身體長，有鱗，有角，有腳，能走，能飛，能游泳，能興雲降雨。在封建時代，龍還是帝王的象徵。因此龍紋在中國古代玉器紋樣裝飾中佔有十分重要的地位。玉器上最早出現的龍紋是「夔龍紋」，又稱「夔紋」。

龍紋大致可分為爬行龍紋、捲龍紋、交龍紋、兩頭龍紋、雙體龍紋、側面獸身龍紋、龍首紋、蛇身龍紋等。

夔龍紋即早期的龍紋。夔是古代傳說中的一種蒼身、無角、一足的奇異動物，較後期的龍形，體形要短小些。夔龍紋出現在玉器上持續了很長時間，直到戰國至漢代，夔龍紋才有了現代龍形的雛形。自宋代以來的著錄中，夔龍紋才和龍紋區別開來，凡是一爪的龍紋，都稱為「夔龍紋」。

蘑菇形角紋是先秦時期玉器的一種龍紋，龍角頂端有一圓球狀裝飾，似未開的蘑菇，故名。

 94 不同歷史時期的龍紋有何不同？

新石器時期的龍紋似蛇，但粗長，頭圓，肢有三爪；商代龍紋頭頂飾有蘑菇形角紋，足部近似於方形，在龍的背部出現了脊齒紋；西周時期的龍紋龍身細長，身上紋飾的線條多為彎形或弧形，龍背部的脊齒紋比商代時期的密；春秋戰國時期的龍紋爪是三趾，細尾而捲，張大口，頭有的呈後捲狀；秦漢時期的龍紋頭似牛首，有鬚，大耳，細長角對稱，

蛇形體，有翼，腳有爪；唐代的龍紋身胖，網狀紋鱗片，翼細長，背脊帶鰭，尾部像蛇尾，蜷曲成S形，鳥形龍爪；宋代龍紋身胖體粗，張大舞爪，上唇薄而長，唇尖上挑或前捲，腿部上端有火焰紋，龍身飾網格鱗或無鱗，蛇尾，三爪足；明代龍紋龍身細長，爪如風車，並且局部多配以吉祥紋，如鼻呈如意形等；清代對龍紋的使用相當嚴格，五爪龍紋嚴禁民間使用，三爪和四爪龍紋雖然可以使用，但主要以供器為主。

95 傳統的龍紋有哪些變種？

龍紋的變種主要有蟠螭紋、虺龍紋、虯龍紋等。

蟠螭紋是春秋戰國至漢代玉器上的主要紋飾之一。傳說螭是龍的九個兒子之一，是一種沒有角的龍。而蟠的意思是「盤曲而伏」。所謂蟠螭紋即半圓形或近圓形盤曲的螭紋，其紋樣多是彎曲起伏的，故名。

虺龍紋，玉器的主要紋樣之一，基本特點是形似蟠曲的小蛇。虺龍是傳說中的一種毒蛇，《釋玉》曰：「小曰虺，大曰蛇。」也有人說虺龍是兩頭蛇，因此古代玉雕上的虺龍紋，有的雕一隻頭，有的雕兩隻頭。

虯龍紋也是古玉常用的造型和裝飾紋樣之一。虯是一種沒有角、經常盤曲的龍。《說文解字》中釋「虯」為「龍無角者」。

西漢豬魚龍紋玉璜

春秋蟠虺紋玉璧

96 不同歷史時期的螭紋有何特點？

戰國時期的螭紋圓眼，大鼻，雙線細眉，貓耳，腿部線條彎曲，爪往往向上翹起，螭身多用陰線勾勒，尾部呈絞絲狀陰刻線，這種絞絲尾是戰國首創。

漢代的螭紋，眉向上豎，並往內鉤，眉毛淺，身體與戰國時相比，尾部出現了兩個捲紋，有三條腿。南北朝時期的螭紋，螭眼略長且有彎度，嘴邊面腮上多有凹槽，三條腿，有時前腿伸出一點作為第四條腿，尾部的捲雲紋寬闊粗壯。唐代的螭紋頸上有「人」字形

東漢蟠螭紋玉璧

東漢龍鳳紋玉璧

紋，脊上開始有陰刻脊線。宋代的螭紋鼻下有一很寬的陰刻線，嘴翹起，立體感極強。元代的螭紋頭額寬而高，眉、眼、鼻、口都集中在整個面部的前端，佔據面部的1/3，圓身，聳肩，前腿彎勢柔軟，後腿一曲一伸，呈爬行狀，其關節處都飾有捲雲紋，並且大多有飄拂的毛髮，螭尾特長，作漩渦狀。明清時期的螭紋，身細長，頭形較短，似虎，毛髮細長，變化多端，眼睛有圓圈眼、三角眼、橄欖形眼、長梢眼和蝦米眼等形式，有角或無角，上肢伸直，爪上翹折回。

97 鳳紋有什麼特點？

鳳紋是由鳥紋變化而來。鳳是古代傳說中的神鳥，也是一種想像中的動物，是概括、誇張、綜合了多種鳥類優勢而形成的藝術形象，其體態似錦雞，尾長如孔雀，頭上有大冠，彎喙。鳳在中國一直是高貴女性的象徵，因此各種雕琢有鳳紋的玉器不斷問世，其精雕細刻，美不勝收，為後世留下了無數的玉器珍寶。

98 不同歷史時期的鳥紋有何特點？

新石器時代較多鳥紋，造型簡單。鳳紋到了商晚期才漸漸增多，有關「玄鳥」和簡狄吞燕卵而生契的神話，反映了當時人們對鳳的崇拜。這時期的鳳紋多採用寫實、概括、誇張相結合的手法雕琢。西周時期多以弧線為主塑造鳳的形象。春秋戰國時期，鳳已成為楚文化的代表，有長長的捲尾和粗長的腿爪。秦漢時期盛行的「四靈獸」中的朱雀就是指鳳，代表南方，主火，這時期的鳳紋頭部簡化，高冠變成形如獸角的長角，頭高昂，身體彎曲拉長。唐宋以後，鳳的造型風格向雍容華麗轉化，鳳冠變短，形似雞冠，眼睛變長，頸部有飄逸的羽毛，鳳尾寬大捲曲。明清時期，鳳紋形似孔雀，鳳冠為如意形花冠，眼睛

唐饕餮紋玉簋　　　　　　　　　　　　　　　　　　　　　　　　西漢繩紋玉環

細長，俗稱「丹鳳眼」，鳳尾為孔雀尾翎，總體造型更加清逸華貴。

 99 饕餮紋是一種什麼東西？

饕餮是傳說中的一種貪食的惡獸。饕餮紋是圖案化了的獸面紋，故又稱「獸面紋」。饕餮紋出現於新石器時期，盛行於商代至西周早期。而「饕餮紋」一詞，則是在宋代宣和時的《宣和博古圖錄》一書中最早出現。

100 乳丁紋、穀紋和粟紋有何差別？

乳丁紋，又稱「乳突紋」，常見於戰國、秦、漢時期的玉璧上。其基本紋樣為凸起的乳突狀圓釘，或縱橫或隨體變化排列。

穀紋形似發芽的種子，故名。其基本紋飾為成排的密集型小乳丁，並呈漩渦狀。主要流行於戰國、秦、漢時期，在清代仿古玉器中也常常能見到。

粟是一種小米，粟紋是以若干不規則的小圓點組成，其形狀相似於乳丁紋。

 101 常見的幾何紋飾都有哪些？

幾何紋，是一種最簡單、應用也最廣的紋飾，以點、線、面結合而成多種有規則的幾何圖形組成圖案，如繩紋、回紋、網格紋、三角紋、方格紋、雲雷紋、圈紋、菱形紋、折線紋、連珠紋、弦紋、直條紋、橫條紋、斜條紋等。

繩紋，因花紋形狀如編結的繩，故名，在古玉器中大多裝飾於器物或圖案的邊緣。

西漢乳丁紋高腳杯

回紋，因紋樣如「回」字，故名，是一種由雷紋衍化而來的幾何紋樣。其基本紋樣為線條作方折形捲曲，有單體間斷排列的，有一正一反相連成對的，也有連續不斷的帶狀形等，多用於邊飾。

對角方格紋，主要飾於玉龍及龍形璜的表面。其紋樣為以雙陰線琢刻方格，相鄰兩格對角線相連，等距或連續排列。

圈紋，基本形狀為排列成行的小圓圈，分為單圈、同心雙圈和在圈中有一小點等。圈紋流行於春秋、戰國至漢代，多飾於在璧、瑗、璜等片狀玉器上。

折線紋，出現於新石器時代，主要作為動物身上的裝飾紋。其紋樣為單、雙陰刻直線，頂端折回，方折呈鉤狀。

弦紋，實際上也是一種圓圈，但不同於圈紋，多用於玉器外圍的立體裝飾，也偶見用於玉器的平面裝飾。雙連弦紋主要飾於龍及獸角上，其紋樣為以單陰線琢刻兩條連線短弧，呈「人」字形，縱向排列。

三角紋，多見於龍身、玉璜及器物柄部。其紋樣為以陰線琢刻出大三角紋與小三角紋。

重環紋是由若干個略呈橢圓形的環組成紋帶，環有一至三重不等，在環的一側有兩個尖銳角或直角。有時也與其他紋飾相配出現。重環紋始見於商代，盛行於西周。

 102 常見的象形紋飾有哪些？

漩紋又稱「漩渦紋」，俗稱「渦紋」。其形狀如同水渦旋轉，故名。漩紋的應用最早始於西周，春秋時多裝飾在小件玉器上，到了戰國才出現在大件玉器上。

蒲紋是一種呈排列狀的六角形格子紋，其形似編織的蒲席，故名，常作為玉璧上的紋飾，即蒲璧。

皿紋也稱「環紋」，這是一種以古代器皿為原型的象形紋樣。若是以雙線勾勒的環紋，便稱為「雙環紋」。

 103 常見的獸紋有哪些？

古玉中以動物形象為題材創作的紋樣較多，統稱為「獸紋」。獸紋分兩類：一類是自然界的動物形象；另一類是神怪的動物形象。

鱗紋形似魚鱗，故名。常雕成上下數層，重疊出現，流行於商代晚期至春秋時期。

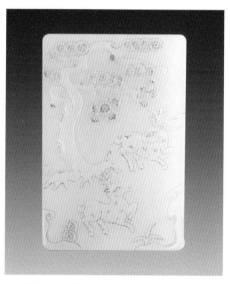

玉雕松鹿紋牌

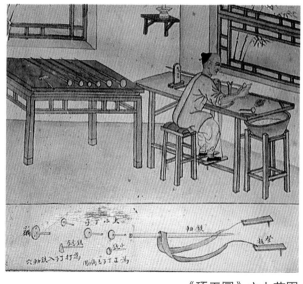

《琢玉圖》之上花園

　　獸面紋有龍、牛、羊等，也有未知的動物。古玉器上的獸面紋，一般以鼻梁為對稱軸，兩側是五官，最上面是角。

　　獸角紋主要是龍角、牛角和羊角三種。

　　龜作為古代四靈之一，相傳能卜凶吉，又象徵長壽。因此，龜紋多作為向長輩祝壽的玉飾品的紋飾。

　　中國古代視虎為百獸之王，因此，在器物上雕琢虎紋或把玉石雕琢成虎形是極常見的現象。

104 鹿紋、象紋和魚紋為何出現在古玉上？

　　鹿是古人心目中的一種瑞獸，是祥瑞之兆，因此古代玉器中鹿紋圖案較多。鹿紋最早始於商代，以後各代多有變化，它們或臥，或立，或奔跑於山間綠野，或漫步於林間樹下，造型生動、可愛。

　　象紋是古代一種典型的吉祥紋樣，圖案表現為象的形態，有長鼻構成明顯的特點，也有單以象頭、象鼻為圖案的。在清代還流行一種象紋，即在器物上雕琢或描繪象馱寶瓶的畫面，以象徵太平景象，故稱「太平有象紋」。

　　魚在古人心中也是一種祥瑞，因此在玉器上也常雕琢魚紋，尤其是佩飾類玉器。其紋飾如魚的形態，由此得名。

105 不同歷史時期的魚紋有何特點？

　　新石器時代的魚紋造型簡單，僅有輪廓，十分拙樸。商代魚紋魚身呈長條形和半圓環

形，有脊鰭、腹鰭，少有裝飾，也有些魚紋帶有網格狀的魚鱗。春秋、戰國時期的魚紋，魚口多張開，常見的有一個脊鰭。

漢代以後的魚紋普遍有鱗紋裝飾。宋代魚紋為細長魚形，脊鰭短而呈鋸齒狀，分有鱗魚和無鱗魚兩種。宋元以後的魚紋多與其他植物紋飾組合，被賦予了吉祥的寓意，是一種吉祥圖案。明代魚紋或為長嘴，或有斜網格式鱗，或身側有一條稍微彎曲的水線，魚尾或呈扇狀，邊緣呈鋸齒狀。清代魚紋在繼承前代魚紋的基礎上趨向寫實，表現出程式化造型特點，並且還流行一種紋飾，是以魚紋與龍紋組合，寓意為高升昌盛。

106 蟬紋和蠶紋是一回事嗎？

玉蟬出現很早，早在紅山文化、良渚文化時期就有了。而玉器上出現蟬紋，最早應該在商代，並且多為寫實性紋樣，一般具有尖吻、圓形大目、三角形或蕉葉形軀體，軀體多用兩個單線相對雲紋來象徵兩翼，腹有節狀條紋，近似蛹。

臥蠶紋是古代玉器的一種紋飾，其基本紋樣為紋樣中有細弧線，兩端內鉤，形似臥睡的春蠶，故名。臥蠶紋始於春秋、戰國時期，漢代比較流行。

107 不同歷史時期的蟬紋有何特點？

新石器時代蟬紋造型簡單抽象，僅有眼或象徵性的蟬身，多圓雕。商代蟬紋比較寫實，有併攏的雙翼、波折的竹節狀尾部和頸部體節，多用陰刻線雕琢。西周早期繼承了商代的傳統，但西周中期以後這種寫實性的蟬紋基本消失了。戰國時期，蟬紋可見頭、腹、翅等部分，並用陰線區分。漢代蟬紋，用「漢八刀」雕琢，線條簡單，棱角分明。宋代蟬紋蟬眼為重環式，蟬紋多用於配飾，紋樣多仿古代。明代蟬紋線條雕工又粗又深，形體大，雙翅雕得較薄，腹紋細瘦。清

商蟬紋玉琮

代蟬紋的表現手法與仿古紋飾同，多用陽紋線來雕刻羽翼。

108 蝌蚪紋是什麼樣子？

蝌蚪紋在我們民族的習俗中有子孫綿延的吉祥之意，因此多用於玉雕。蝌蚪紋因形似蝌蚪，故名。蝌蚪紋屬單獨紋樣，多作玉器表面填充裝飾。若是兩尾相連，也稱為連體蝌

蚪紋。蝌蚪紋與穀紋相似，但是尾部比穀紋稍長；連體蝌蚪紋又接近於雲紋，但比雲紋更具立體感。

109 常見的鳥紋都有哪些？

鳥紋出現於新石器時代，早在良渚文化遺址出土的玉琮上已有明確的鳥紋。鳥紋包括鳳紋、鴟梟紋、鷥紋及成群排列的雁紋等。唐宋以後，鳥紋多與花卉紋組合相配，即「花鳥紋」。

雁紋是鳥紋的一種，圖案表現為雁的寫實形象，始於春秋晚期，屬於北方的風格。

東漢蝌蚪紋長樂玉璧

鴛鴦是一種野鴨，羽毛非常鮮豔華麗。鴛鴦常出雙入對，在水面上相親相愛，因此鴛鴦紋作為玉器紋飾，多以鴛鴦戲水成對出現，寓意為夫妻恩愛、出入成雙，為吉祥紋飾之一。

鶴紋是鳥紋的一種，是傳統的吉祥紋飾。鶴在古代象徵長壽，因此，古人借鶴象徵長壽，多為祝壽的玉飾品紋飾。

110 常見的植物紋有哪些？

植物花卉紋用於玉器上始於唐代，並且隨著玉器的日益生活化，植物花卉紋也越來越裝飾化、世俗化。

忍冬紋古代寓意為長生，因以忍冬植物為題材，故名。忍冬為一種纏繞植物，俗呼「金銀花」、「金銀藤」，通稱捲草。因為其凌冬不凋，故有忍冬之稱。

捲草紋又稱「捲枝紋」、「捲葉紋」，由忍冬紋發展而來，流行於唐代。其基本紋飾為以柔和的波曲狀線組成連續的草葉紋樣裝飾帶。

柿蒂紋是一種古代寓意紋樣，形如柿子下部的蒂子，四瓣或五瓣，故名。柿蒂紋多用於建築圖案，作為玉器紋飾在漢代的玉劍首上常有發現，但在漢代以後就不多見了。

藻是水草的總稱。藻紋有兩種含義：一是指水草紋樣；二是指藻飾紋樣。水草紋樣形如水草。藻飾紋樣實際上是在某種紋樣的基礎上再行裝飾和修

宋凌霄花紋佩

飾，是一種輔助紋樣。

111 纏枝紋有什麼特徵？

纏枝紋因其圖案花枝纏轉不斷，故名。明代又稱為「轉枝」。

其基本紋飾以波狀線與切圓線相組合，作二方連續或四方連續展開，形成波捲纏綿的樣式，再在切圓空間中或波線上綴以花卉，並點以葉子，便形成枝莖纏繞、花繁葉茂的纏枝花卉或纏枝花果紋。纏枝蓮、纏枝菊、纏枝牡丹、纏枝石榴、纏枝靈芝、纏枝寶相花均屬此類。

元代玉鏤雕鳳穿花璧

112 什麼叫寶相花紋？

寶相花紋是傳統紋樣之一，是將自然界花卉（主要是蓮花）的花頭作變形的藝術處理，使之趨於圖案化、程式化。

主要有兩種形式：一種為平面團形，以8片平展的蓮瓣構成花頭，蓮瓣尖端呈五曲形，各瓣內又填飾三曲小蓮瓣，花心由8個小圓珠和8瓣小花組成；另一種是立面層疊形，以層層綻開的半側面勾蓮瓣構成。

清青白玉寶相花爐

113 吉祥紋是指什麼？

玉器上的吉祥紋主要表達「福、祿、壽、喜、財」五大主題，其基本內涵為避邪、驅邪、祈求與祝賀，是用象徵手法表達人的思想感情。

所謂「圖必有意，意必吉祥」，因此有些紋飾直接用文字表現，比如「萬」字紋、「福」字紋、「壽」字紋等等。

114 常見的吉祥紋有哪些？

松鶴延年：
松樹、仙鶴組合的紋樣，象徵長壽。

鶴鹿同春：

紋樣中有仙鶴、梅花鹿與松樹。鶴鹿同春有富貴長壽的寓意。

龜鶴齊齡：

紋樣中有神龜和仙鶴。龜鶴齊齡寓意為「同享高壽」。

福祿壽喜：

玉器上琢磨出蝙蝠、梅花鹿、壽桃和「喜」字，諧音「福祿壽喜」。

五福捧壽：

玉器上刻畫一個壽桃或一個圓形「壽」字，周圍環繞五隻蝙蝠，形成「五蝠捧壽」，寓意為「有福長壽」。若是多個壽桃和多隻蝙蝠，就變成「多福多壽」了。

福壽雙全：

紋樣中有一隻蝙蝠、一個壽桃和兩枚銅錢，寓意為「福祿雙全」。

福壽三多：

「三多」指多福、多壽、多子。玉器上刻畫數隻蝙蝠、數個仙桃和一隻石榴，合起來寓意為多福、多壽、多子，即「福壽三多」。

福至心靈：

玉器上雕刻蝙蝠、壽桃、靈芝的形象，此處桃借其形如心，靈芝借「靈」字，此圖意為得到幸福後會更加聰明。

壽山福海：

紋樣中刻畫山、水和松樹的形象，寓意為「福如東海長流水，壽比南山不老松」，也稱為「壽山福海」。

宋青白玉鏤空雙鶴銜靈芝佩

三星高照：

玉器中有福星、祿星、壽星三個神仙形象，寓意為「三星高照」，象徵著幸福、富有和長壽。

長命富貴：

紋樣中刻畫一隻引頸長鳴的雄雞，取其「長命」之諧音；一簇盛開的牡丹，取其「富貴」之意。二者合起來，寓意為「長命富貴」。

玉堂富貴：

玉器上雕刻玉蘭、海棠、牡丹，寓意為「玉堂富貴」。若圖案為五個柿子和海棠花，則稱「五世同堂」。

連生貴子：

紋樣中的荷花中坐一小孩，蓮蓬膨大，借此喻示連續、連綿之意，表達人丁興旺的心願。

清白玉「長宜子孫」紋璧

喜上眉梢：

紋樣中刻畫兩隻喜鵲立在梅花枝頭，寓意為「喜上眉梢」，也稱「雙喜臨門」。

歲歲平安：

紋樣中幾束穀穗上配上兩隻鵪鶉，各取一個字的諧音，為「歲歲平安」，寓意為生活平安如意。

 115 常見的人物紋有哪些？

玉器上的人物紋從新石器時代流傳至今，不同歷史時期，人物紋各有特點。商代至漢代人物紋多為玉人。到了唐代才以人物圖案為多，人物一般為伎樂人，手持樂器。唐代以後人物紋多以佛像、民間神話傳說、嬰戲和歷史人物故事的雕琢為主。

嬰戲紋是人物紋之一，以兒童為主角，多表現其釣魚、玩鳥、蹴球、趕鴨、抽陀螺、攀樹折花等玩耍嬉戲的生活情景，因而又稱「嬰戲圖」或「耍娃娃」。始於戰國，宋、元、清的玉雕中極為常見。

和合二仙，又稱「和合二聖」，即指寒山和拾得，他們都是唐代的高僧，後來成為神仙。他們手中一人執荷花，一人捧盒，盒蓋稍微掀起，內有一群蝙蝠，從盒內飛出。「荷」與「和」、「盒」與「合」同音，取和諧好合之意。紋樣即以此內容組成，因此稱作和合二仙紋。

劉海，五代人，平時好談性命，崇黃老。後得八仙之一漢鍾離的點化，終得大悟，由純陽子呂洞賓度為神仙。劉海戲蟾紋作為一種吉祥圖案，實際上是把「劉海耍金錢」與「劉海戲蟾蜍」這兩個故事糅合在一起，其基本紋樣為劉海手執串有金錢的彩繩逗弄一隻三腿蟾蜍的形象。

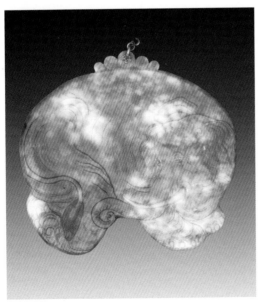

清翠玉太平有象磬

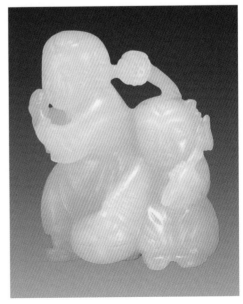

清和合二仙

116 不同歷史時期的嬰戲紋有何特點？

唐代的嬰戲紋多繪一胖娃，身繫肚兜，肩荷一蓮杖，手挽飄帶。宋代嬰戲紋多繪童子戲花、雙童蕩船、童子執荷、童子騎竹馬等等，其中的童子頭頂有用細密陰刻線表示的短髮，後腦不留髮或留髮。明、清時期的嬰戲紋，人數增多，有四子、十六子、二十子、百子等，嬰戲紋在這時期得到了鼎盛發展，成為一種民俗文化，寓意吉祥。

117 何為暗八仙？

暗八仙是一種有傳統吉祥寓意的紋樣，即以八仙手中所持之物（漢鍾離持扇，呂洞賓持劍，張果老持漁鼓，曹國舅持玉板，鐵拐李持葫蘆，韓湘子持簫，藍采和持花籃，何仙姑持荷花）組成的紋飾。

在長期的民間流傳及民間藝人的演繹中，現在的暗八仙主要有如下特點：

漁鼓，張果老所持寶物，「漁鼓頻敲有梵音」，能占卜人生。

寶劍，呂洞賓所持寶物，「劍現靈光魑魅驚」，可鎮邪驅魔。

笛子，韓湘子所持寶物，「紫簫吹度千波靜」，使萬物滋生。

明嬰戲紋水壺

荷花，何仙姑所持寶物，「手執荷花不染塵」，能修身養性。

葫蘆，李鐵拐所持寶物，「葫蘆豈只存五福」，可救濟眾生。

扇子，漢鍾離所持寶物，「輕搖小扇樂陶然」，能起死回生。

玉板，曹國舅所持寶物，「玉板和聲萬籟清」，可靜化環境。

花籃，藍采和所持寶物，「花籃內蓄無凡品」，能廣通神明。

清玉八仙紋執壺

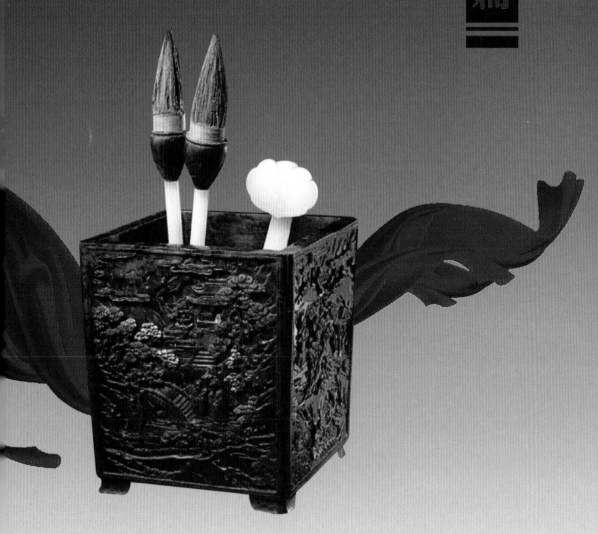

禮儀玉器

 118 什麼叫「六器」、「六瑞」？

《周禮・春官・大宗伯》載：「以玉作六器，以禮天、地、四方：以蒼璧禮天，以黃琮禮地，以青圭禮東方，以赤璋禮南方，以白琥禮西方，以玄璜禮北方。」是為「六器」。

《周禮・春官・大宗伯》載：「以玉作六瑞，以等邦國：王執鎮圭，公執桓圭，侯執信圭，伯執躬圭，子執穀璧，男執蒲璧。」是為「六瑞」，六瑞形制大小各異，以示爵位等級之差別。

 119 何為玉璧？

玉璧是一種中央穿孔的扁平狀圓形玉器，為我國傳統的玉禮器之一。穿孔稱作「好」，邊緣器體稱作「肉」。關於瑗、環、璧，古代文獻上有嚴格的區分。

《爾雅・釋器》記載：「肉倍好謂之璧，好倍肉謂之瑗，肉好若一謂之環。」意思是說：「邊大倍於孔者名璧，孔大而邊小者名瑗，邊、孔適等若一者名環。」據考古發現，玉璧最早產生於新石器時代，一直到清朝，都有不同形制和紋飾的玉璧出現。

120 玉璧主要有哪些種類？

拱璧是一種大型玉璧，因其需雙手拱執，故名。大璧徑長尺二，為天子禮天之器。

漢蒲紋玉璧

唐青玉透雕牡丹環

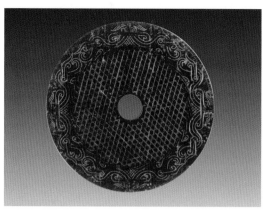

西漢蒲璧

龍山文化玉璇璣

穀璧指璧面雕滿縱橫排列有序的飽滿穀紋的拱璧，為六瑞之一，用於朝聘。周制，穀璧為子爵所執。

蒼璧，即大璧，直徑在40公分左右，多用青色玉雕製。古人認為天圓地方，而天又是蒼色（青色），故「以蒼璧禮天」。諸侯獻貢品給天子也要用蒼璧。《周祀圓丘歌·昭夏》：「瑞形成象，璧氣含春。」倪璠注：「璧氣含春者，春為蒼精，祭天用蒼璧，蒼是東方之色，故云含春也。」

蒲璧指璧面為蒲紋的璧，象徵著草木繁茂，欣欣向榮。周制，蒲璧為男爵所執。

係璧指佩飾用的小璧，常常與玉管等飾件組合成組合佩飾。

 121 何為玉璇璣？

玉璇璣環形、片狀，周圍向外順出等距三個、四個或六個角，形似玉璧。最早見於新石器時代大汶口文化、龍山文化，春秋、戰國以後罕見。

早期玉璇璣在由方形琢圓時留下外側的邊角，間或在環部周圍裝飾蟬紋。商代玉璇璣上的角還帶有齒牙。至於其用途，至今不明。

 122 何為玉琮？

玉琮，是一種外方內圓的柱狀管形玉器。琮的方圓表示地和天，是出於天圓地方的上古宇宙觀，做成方琮來祭祀地神，是禮地之器。玉琮出現於新石器時代，以良渚文化最為發達，其中有的還刻有獸面紋飾。漢朝以後逐漸消失。宋至明清，仿古玉琮大量出現，成為一種裝飾或陳設玉器。

良渚文化玉琮

寬短琮琮體寬度大於高度，一般分兩節，四角琢飾獸面紋，中心為貫通的圓孔。《周禮‧冬官‧考工記》載：「璧琮九寸，諸侯以享天子。」

高長琮為四面柱體，外方內圓，中心穿孔，兩端直徑不一，上大下小。以起伏的「牙身」將柱體分成若干節，每節四面，中間為凹柱，四角有兩邊對稱的獸面紋，以兩條橫長凸弦紋表示頭額和頭飾，其下雙圓紋代表雙目，下面數條短粗凸弦紋象徵天地四面八方，中心通孔為溝通天地的天柱。高長琮是祭祀的祀器，又是紀念祖先神的神器，用於祭祀和標誌部族首領的身份地位。

細小琮又稱「勒子」，造型及紋飾酷似大琮，唯器形小，長2公分至6公分，一般分2節至4節。

素面琮是中原地區流行的黃琮，為四面方體，大多無紋飾，中心孔徑較大，盛行於黃河流域，是寬短琮的衍生品種。

123 何為玉圭？

玉圭是一種上端為三角形或呈直平狀，身為長方形的玉器，是天子祀天用的，《周禮‧冬官‧考工記》載：「天子圭中必。四圭尺有二寸，以祀天。」此外，玉圭還有區別等級和作符節等職能。

大圭，是天子執握的玉器，上端銳角或插在衣帶間，又稱「廷」，以符合《禮》「天子晉廷」之制。

鎮圭，是天子執握的玉器，上端銳角飾四山紋，取安定四方之意。

信圭，是侯爵執握的玉器，上端呈鈍角，肩部兩角琢成直立人身狀，紋飾精細，取忠勇正直之意。

平首圭，上端是平頭的，與石斧之形相近。

尖首圭，上端尖銳呈三角形，與戈的頂端相似。

躬圭，是伯爵執握的玉器，上端為圓形，紋樣粗獷，取恭順之意。

桓圭，是公爵執握的玉器，上端為方齊形，取棟樑柱石之意。

琬圭，是上端為圓形的玉器，圭身染色。天子派遣使臣所執，使臣持此信節執行任務，被稱為「護送琬圭」。

琰圭，是上端為銳角的玉器，取銳不可當之意。天子派使臣征討平叛時執用，當作信物，有尚方寶劍的作用。

玉瑁，是古代帝王上朝時所執的玉器，用以合諸侯的圭，覆於圭上。

西周尖首圭

124 何為玉璋？

玉璋是一種扁平的長方形器物，一端斜刃，形狀如半邊圭。東漢・許慎《說文解字》載：「半圭為璋。」璋的種類據《周禮》中記載，有赤璋、大璋、中璋、邊璋、牙璋五種。玉璋除用作六器之一外，《周禮・考工記》中還有「大璋亦如之，諸侯以聘女」的記載。《周禮・考工記》又載：「大璋，中璋九寸，邊璋七寸，射四寸，天子以巡守。」這說明玉璋還是天子巡狩的時候祭祀山川的器物。玉璋始見於龍山文化，盛行於商周，春秋以後趨於少見。

龍山文化玉璋

赤璋即用赤玉（瑪瑙）做的璋，是祭南方朱雀之神的禮器。

大璋指孔部附近沒有齒棱的玉器。四川廣漢三星堆出土一件玉璋，通長54.4公分，上寬8.8公分，下寬6.8公分，上端為單斜邊，也有人稱為「邊璋」。漢代鄭玄注《周禮》十二卷載：「三璋之勺，形如圭瓚，天子巡守，有事山川，則用灌焉。於大山川，則用大璋，加文飾也。」

中璋是古代用以發兵的一種玉製符節。《周禮・考工記・玉人》載：「牙璋中璋七寸，射二寸，厚寸，以起軍旅，以治兵守。」

牙璋下端呈長方形，器身上端有刃，底部穿孔處附近兩側有比較複雜的齒棱。同中璋一樣，牙璋也被作為一種調動軍隊的符信。

125 何為玉璜？

玉璜是一種弧形的玉器。漢制稱「半璧曰璜」，但常見出土的玉璜僅有三分之一璧大小，彎弧兩端有小孔，往往出於墓主領下，可能用於佩戴，故有「佩璜」之稱。

一般說來，大型璜作禮儀玉，中小型璜為佩飾玉。璜的紋飾，一般兩端各雕成獸頭形，以龍頭、虎

良渚文化羽冠神人獸面飛目紋玉璜

頭為多；也有一端為頭、一端為尾的，有龍形、魚形等。璜的表面則雕成鱗紋、雲紋、鳥紋、三角紋等。

126 何為玉笏？

玉笏指古代諸侯等官員上朝時手中所拿的玉製手板，又稱為「珽」。《禮記‧玉藻》載：「笏，天子以球玉，諸侯以象，大夫以魚須文竹。」《左傳代桓公二年》載：「衮冕黻珽。」晉代杜預注：「珽，玉笏也。若今吏之持簿。」

127 何為玉琥？

玉琥是一種刻有虎紋或雕成伏虎形的玉器。琥的表面紋飾，多以雲紋為主，由雲紋變化而成各種彎曲的形式，也有條狀紋、節狀紋、鱗紋、榖紋、乳丁紋等。據文獻記載，琥是以白虎的身份來禮西方，以虎符的身份來發兵。

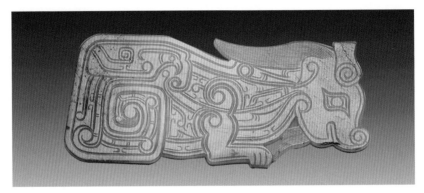

清代舊玉玉琥

128 玉酒具有哪些？

玉觶是古代一種飲酒用的器皿。形似尊，較小，侈口，或有蓋，多仿青銅器的造型。盛行於商代晚期和西周初期。清末吳大澂所著《古玉圖考》記載：「玉觶，禮品也，有耳，可容三升。」據考證，玉觶是古天子祭天的禮器。古代將觶、角、爵、觚、斝並稱為「五爵」。

玉斝是一種酒杯，用於盛酒或溫酒。基本造型為侈口，口沿有柱，寬身，下有長足。斝的形制較多，器身有圓形、方形兩種，有的有蓋，有的無蓋。玉斝作為禮器，常與觚、爵等組合成套使用。《文選》載：「分雁鶩之稻粱，沾玉斝之餘瀝。」李善注引《說文解字》：「斝，玉爵也。」

玉爵是一種飲酒的器皿，三足，以不同的形狀顯示使用者的不同身份。《周禮‧天官‧大宰》載：「享先王亦如之，贊玉几、玉爵。」《禮記‧曲禮上》載：「飲玉爵者弗

西周玉方彝

清翡翠提樑卣

揮。」孔穎達疏：「玉爵，玉杯也。」

玉角是一種溫酒及飲酒用的器皿，形似爵。《禮記・禮器》載：「宗廟之祭，貴者獻以爵，賤者獻以散。尊者舉觶，卑者舉角。」

玉罍是大型貯酒器或裝水之用的器皿，敞口，寬肩，肩上有兩耳，圈足，有圓形和方形兩種。南朝梁沈約《介雅》詩之三：「玉罍信湛湛，金巵頗搖漾。」唐・李賀《送秦光祿北征》詩：「呵臂懸金斗，當唇注玉罍。」

玉卣也是種酒具，多為扁圓形，鼓腹，圈足，口小，有蓋和提樑。最早出現於西周，宋代開始定為卣，清代多有仿製。

玉觚是一種酒器，基本形制為侈口、束腰、長身，口和足似喇叭口狀。玉觚的形制大都仿青銅器。

玉瓿的形狀與玉罍相同，只是更小些，婦好墓出土有一件玉瓿。

彝是一種大型盛酒器，為「廟堂之器」，與鼎合稱「鼎彝」，用於祭天。玉彝即玉製的彝，形制仿青銅器造型，長方形，有方脊形蓋。

129 玉食器有哪些？

玉簋是古代一種盛食物的容器，圓口，兩耳或四耳。《儀禮・公食禮》載：「宰夫設黍稷六簋。」

玉勺是古人取食的器具，是一種湯匙，長柄。新石器時代凌家灘文化遺址中出土有一件玉勺，可見當時已有飲湯取食的餐具。

玉敦是古代諸侯歃血結盟時所用的器皿。《周禮・天官・玉府》載：「若合諸侯，則共珠盤玉敦。」鄭玄注：「玉敦，歃血玉器。」南朝梁劉勰《文心雕龍・祝盟》載：「盟者，明也。騂毛白馬，珠盤玉敦，陳辭乎方明之下，祝告於神明者也。」

仿古玉鼎

130 何為玉簡冊？

玉簡冊是指連綴在一起雕刻或書寫文字的長方形玉片，主要作為禮制大典上所使用的書寫工具。戰國時期已有玉簡冊，唐代稱之為「玉策」。到了漢代，由於造紙術的發明及紙張的普及使用，人們漸漸停止了簡冊的使用，但在有關禮制的大典上仍使用玉簡冊。

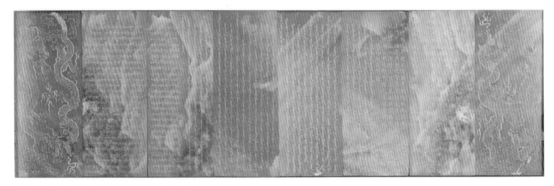

乾隆皇帝冊封八世達賴喇嘛玉冊

131 何為玉牒？

玉牒是古代帝王封禪、郊祀所用的一種玉簡文書，也作記載帝王譜系、歷數及政令因革之用。《史記・孝武本紀》載：「封泰山下東方，如郊祠泰一之禮。封廣丈二尺，高九尺，其下則有玉牒書，書秘。」《新唐書・百官志三》載：「（宗正寺）知圖譜官一人，修玉牒官一人。」作為皇族族譜，只有清代玉牒保存完整，其他各王朝玉牒均未流傳於世。

玉 兵 儀 器

132 玉斧、玉鉞和玉戚有何差別？

　　玉斧指用玉琢製而成的斧，形似石斧，扁平厚重，呈梯形，上端有孔，可捆綁執柄，下端有刃。在用途上，玉斧不是用來作為生產工具，也不作為戰器，它是一種儀仗兵器，多用於儀仗、裝飾，以作為軍權的象徵。

　　玉鉞是一種儀仗兵器，狀似玉斧，把玉斧的刃放寬，便是「玉鉞」。玉鉞有時也作陪葬用玉。

　　玉戚與玉鉞形制大體相似，狀如玉斧，玉戚就是在玉斧的兩邊各加上一行齒牙形飾。《禮記・明堂位》：「季夏六月，以禘禮祀周公於大廟。……升歌清廟，下管象，朱乾玉戚，冕而舞大武，皮弁素積，裼而舞大夏。」孔穎達疏：「乾，盾也；戚，斧也。赤盾而玉飾斧也。」

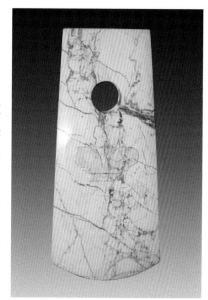

良渚文化獸面紋玉鉞

133 玉鐮、玉戈、玉矛、玉匕首有何異同？

　　玉鐮形體窄長、刃內凹，一端尖狀有孔。玉鐮最早見於商代晚期，殷墟婦好墓曾出土了5件玉鐮。商代以後未見玉鐮。

　　玉戈由新石器時代的玉鐮發展而來，始見於商代，是重要的儀仗兵器。玉戈由「援」（刃）和「內」（似柄有孔，能穿繫）兩部分組成，有直身、彎身兩種，多數在內及援上刻有紋飾。商代初期，玉戈的尺寸普遍較大，一般在30公分左右。及至商代晚期，玉戈的尺寸越來越小巧、靈活，多為15公分至20公分，有的甚至僅長4公分至5公分。西周玉戈基本形制與商代晚期相似。玉戈在西周以後漸趨消亡，春秋、戰國時零星可見玉戈，其形制仍保留周代的特點。

　　玉矛和玉戈一樣，也是一種儀仗、禮儀用器。其形狀大同小異，均為尖刃形兵器，多數為素面，少數有紋飾。

商龍面紋玉戈

玉匕首指玉製的短劍，與玉戈形制易混，也是一種尖刃形兵器。一般來說，匕首比戈更狹長，刃較厚鈍。

134 何為玉刀？

玉刀指玉製的刀形兵器，也是作儀仗或佩飾用，其形制各有不同，多有紋飾。其形狀大致有兩種：一種略呈扁平長方形，有孔，一側為刀背，一側為刀刃；另一種則做成了帶柄的形狀。玉

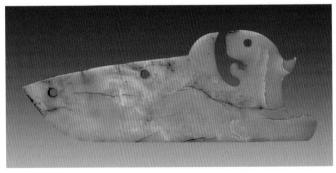

齊家文化虎形玉刀

刀早在新石器時代就有發現，此後的夏、商仍有流傳，然而到西周基本已找不到玉刀了。

135 何為玉劍？

真正意義上的玉劍少見，因此現在所謂玉劍就是指「玉具劍」，即將玉器裝飾在劍上，又稱為玉劍飾，流行於春秋至漢代。

136 玉斧、玉鏟和玉錛有何差別？

玉鏟形似玉斧，但形制較玉斧窄，較玉斧薄，為方形或長方形的薄片狀，流行於新石器時代至夏、商時期。良渚文化、崧澤文化和龍山文化遺址中有大量發現。

玉錛是比較小的側鋒玉斧，呈長方形或近似方形，一面為刃，一面平狀，背有孔。玉錛最早出現於商代晚期，殷墟婦好墓中有出土。

新石器時代玉鏃

137 何為玉鏃？

玉鏃即玉箭頭，多呈扁平等腰三角形，底邊內凹成小弧狀，兩刃向上收成鋒，中脊較厚，兩面中脊底部磨出小溝槽，便於夾入箭杆。商代晚期的殷墟婦好墓中出土有5件玉鏃。

138 何為玉符？

戰國玉符

玉符是古代朝廷傳達命令或調
兵遣將時所用的憑證。其形制特點
為：不論為何種造型，都採用「分
而相合」的辦法，即把玉符一分為
二，朝廷派兵駐守外地，並帶去此
符的一半。以後朝廷若要調動這些
兵力，去傳達命令的人必須拿著朝
廷所有的此符的另一半作為憑證。
這兩半符一合是一個完整的符，就證明所傳命令是朝廷所發。

139 何為玉節？

玉節和玉符一樣也是古代朝廷的證信之物，不同的是，玉節是一種完整單一的玉器。
《周禮・地官・掌節》曰：「掌守邦節，而辨其用，以輔王命。守邦國者用玉節，守都鄙
者用角節。凡通達於天下者必有節，以傳輔之。無節者，有幾則不達。」《公羊傳・哀公
六年》：「與之玉節而走之。」隋代江總《洛陽道》詩云：「玉節迎司隸，錦車歸濯
龍。」

裝飾陳設玉器

140 玉環、玉瑗有何差異？

玉環呈圓形，中間有孔，且孔徑與邊沿相
等，形狀與玉璧、玉瑗相似。在古代，玉環一
般用作佩飾。《韓非子・說林下》中說：「吾
好佩，此人遺我玉環。」唐代張籍《蠻中》
詩：「玉環穿耳誰家女，自抱琵琶迎海神。」

玉瑗的孔比璧大，但比環小。《說文解
字》中說：「瑗，大孔璧也，人君除陛以相
引。」桂馥《說文義證》說「孔大能容手」。

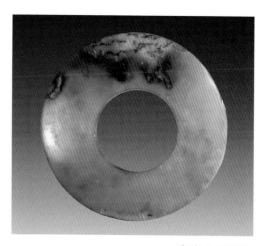

齊家文化玉瑗

新石器時期綠松石手鐲

玉鐲是戴在手腕或腳腕上的環形裝飾品。玉鐲的使用和佩戴最早始於新石器時期，大汶口文化時期玉鐲呈外方內圓形；春秋時期玉鐲為扁圓形；戰國時代玉鐲的變化最多，大多數有紋飾；發展至宋代，玉鐲呈圓環形，內平外圓，光素無紋；明清玉鐲多見裝飾，如聯珠紋、繩索紋、竹節紋等。

玉玦為環狀，有缺口。在古代主要用作耳飾和佩飾，小的玉玦類似現在的耳環，較大體積的玉玦多用於佩戴，或是作為符節器。

142 玉筓、玉簪和玉扁方相同嗎？

玉筓是古人用來簪髮和連冠用的飾物，後世稱為「簪」。《說文解字》：「筓，簪也。」

玉簪是一種玉製的簪子，又名「玉搔頭」，由玉筓演變而來，但沒有玉筓尖細，主要是作為婦女裝飾之用，用於縮髮。玉簪的造型和紋飾極其豐富。

玉扁方，是滿族婦女梳「兩把頭」時使用的頭飾，流行於清代，一般為長條形，一頭為圓邊，一頭為捲邊。

紅山文化獸首形玉筓

 143 何為玉步搖？

玉步搖是古代一種首飾，一般形式為鳳凰、蝴蝶、帶有翅膀類的動物，或垂有流蘇或墜子，上面綴以珠玉，走路的時候，流蘇或墜子會隨走路的擺動而動，故名。《釋名・釋首飾》記載：「步搖，上有垂珠，步則動搖也。」《後漢書・輿服志》記載：「步搖以黃

金為山題，貫白珠為桂枝相繆，一爵（雀）九華（花）。」漢代較為流行，魏晉南北朝時期花樣繁多，與釵細相混雜，簪於發上。

良渚文化玉冠狀器

144 何為玉冠飾？

在出土文物中，玉冠飾一般出現在死者頭部。據考古推測，玉冠飾應該是戴在首領頭上的王冠。如良渚文化出土的透雕玉冠飾，造型為變體飛鳥形，扁平體，用線刻和鏤空手法雕刻神人、神獸圖案。下端磨成插樣槽口，規則地琢通五個小孔。另有三叉形冠，如山字形，中間叉體略短。

清代翡翠扳指

145 何為玉髮箍？

玉髮箍，一種用於固定髮式的玉器。如紅山文化出土的馬蹄形玉髮箍，筒狀，一端削成斜口，上面有兩個穿孔，作束髮用。這種髮箍的使用者，當有較高的社會地位。

146 玉韘、雞心佩有何不同？

玉韘，初為射箭時鉤弦的用具，相當於清代的扳指。目前所見最早的玉韘出土於商代晚期的殷墟婦好墓。到了戰國時期，玉演變成扁平狀的盾形，有一部分是實用品，有一部分變為人們佩戴的裝飾品，同時形佩造型也發生了很大變化，後世俗稱「雞心佩」。

雞心佩又名「心形佩」，是韘形佩的俗稱。雞心佩多呈橢圓形，上端出尖，中有一圓孔，近似於雞心的形狀，兩側常透雕有龍、鳳、螭等紋飾，是漢代特有的並常見的一種佩飾。魏晉南北朝後少見，宋以後有仿製，明清兩代仍有製作，但缺乏漢代神韻。

147 何為玉扳指？

玉扳指是一種玉製的拉弓射箭時扣弦用的器具，套於拇指之上，以保護拇指在射箭時

不被弓弦勒傷，最早始於新時期時代晚期，盛行於清代。

148 為玉梳？

玉梳又名「篦」，包括密齒和疏齒兩類。疏齒類，名「梳」，主要用於梳髮；密齒類，名「篦」，主要用於除垢。玉梳最早出現於陶寺龍山文化墓地，商代婦好墓也有出土。

149 何為玉帽正？

玉帽正，又名「玉帽准」、「玉帽花」，是一種縫在帽子上的裝飾玉，綴在帽子的前面，多為圓形，上大下小，扁而平，底下有象鼻眼，既有美觀的作用，又有「正冠」的實用功能。主要流行於唐、宋、元，明、清兩代使用最多。

瑪瑙福壽帽正

150 何為瓔珞？

瓔珞是一種頸飾，通常是用線串珠玉而成，又稱「纓絡」、「華鬘」。瓔珞原為古代印度佛像頸間的一種裝飾，後來隨著佛教一起傳入我國。唐代時，被愛美求新的女性所模仿和改進，變成了頸飾。瓔珞和項鏈雖同為頸飾，但在形式上卻有著不同。瓔珞在項鏈環狀的基礎上又增加了若干條對稱下垂的珠串，形制比項鏈大，因而更顯豐富和華貴。

151 何為冕服用玉？

冕服，古代一種禮服的名稱，主要由冠（冕冠）、上衣、下裳、舄（或靴）及蔽膝、綬、佩等組成。在唐代，皇帝服飾多種，最重要的為袞冕服章。每逢皇上登基即位、大婚納後、祭掃祖廟、號令征還，以及接受百官朝賀、冊封王公大臣等重大禮節，都必須穿著。袞冕之服自有一套

清翡翠朝珠

繁瑣的規定：上衣下裳，前有蔽膝，繡日、月、星、山、龍、華蟲、宗彝、藻、火、粉米、黼、黻計十二服章。其中用玉製度也規定得非常具體和詳細，冕冠最具典型。唐代冕冠前後垂懸白玉珠十二旒（串），用金飾玉簪固定。冕服配用玉裝革帶，著金縷玉鉤，飾白玉雙佩，綬帶間穿綴三玉環。身掛鹿盧玉具劍，劍之末端用火珠裝飾。

152 何為冕旒？

冕旒，冕冠前後垂懸的一種玉飾，又稱為「玉藻」。《禮記‧玉藻》：「天子玉藻，十有二旒，前後邃延。」孔穎達疏：「天子玉藻者，藻謂雜採之絲繩，以貫於玉，以玉飾藻，故云玉藻也。」《後漢書‧輿服志‧冕冠》：「冕冠，垂旒，前後邃延，玉藻。」

153 何為玉翎管？

翎管是清王朝特有的產物，是隨著冠制的改革而誕生的。翎管就是清代官帽頂上頂珠下用來安插翎枝的管子，一般如旱煙管粗細，長兩寸左右。頂戴花翎是清代高官顯貴的標誌之一，由皇帝賜戴。

翎管多為圓柱形，頂端有鼻，往下中空，到下端中空部分大如煙嘴，翎枝就由此插入。清代品級高的文官可佩戴翡翠翎管，品級高的武官可佩戴白玉翎管。

154 何為玉帶？

玉帶通常是指用玉裝飾的皮革制的腰帶，由玉帶扣、玉帶板（帶）和鉈尾等組成。在服飾上用玉帶，始於唐代。歷代對玉帶的規定不同。唐代玉帶以十三為最高級，只有皇帝才能使用。宋代玉帶承襲唐代之制，但玉上的圖案改用花卉。明代玉帶的使用很嚴格，只有帝王或皇帝特賜才能使用。清代開始，官方玉帶使用制度被廢除，但玉帶仍然成為一種純粹的裝飾品盛行於民間。

清翡翠翎管

五代白玉雲龍紋帶

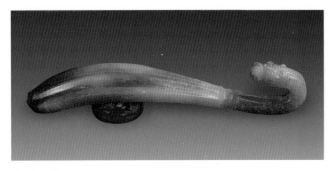

東漢玉帶鉤

清翡翠螭龍帶扣

155 何為玉帶鉤？

玉帶鉤，又名「犀比」、「龍鉤」。它可能是中國北方游牧民族的發明，用以鉤連腰帶，流行於春秋戰國和秦漢時期。玉帶鉤形似琵琶，由兩部分組成，中間以鉤、環相連，鉤端多以龍首造型，此外也有鳥首形或其他獸首形。

156 何為玉帶板？

玉帶板是玉帶上的一種裝飾玉，分為兩部分，即鉈（獺）尾（鑲在玉帶兩端的圓角矩形帶板）和（玉帶中間的方形或長方形帶板）。玉帶板有的鏤有孔或附環，用以懸掛物件。

不同時代的玉帶板有不同的特點。唐代玉帶有十三或十四的，五代、宋代為七，明代大多為十八，有長方形、方條形和桃形等；清代服飾改制，玉帶制度廢除，但仿明代的帶板仍有製作。

157 何為玉帶扣？

玉帶扣是由玉帶鉤演變而來，是一種束腰帶用具，由鉤體和扣體組成。鉤體前端雕一彎鉤，多為龍首形；扣體前端鑿一圓孔為扣，鉤體和扣體正好能鉤連在一起。鉤體和扣體一般呈方形或橢圓形，正面有浮雕或鏤雕紋飾。

據有關資料記載，最早的玉帶扣出現在漢代，但發現極少，一直沒有流行，直到唐、宋方開始陸續出現玉帶扣，元明兩代玉帶扣比較流行。

158 何為玉提攜？

玉提攜又叫「玉束帶」，也是一種玉帶上的裝飾玉塊，有長方形、橢圓形、花形等多種樣式。玉提攜較厚，兩側間有一通孔，革帶可從通孔中穿過，有些束帶下部帶有長而窄的玉環，以備懸掛物件。

159 何為玉佩？

玉佩是一種隨身佩戴的裝飾玉器，其種類很多，形制多樣，紋飾豐富，多取長壽、祝福、快樂之寓意，常見的紋飾有人物、動物、花草、文字等圖案。玉佩歷史悠久，自新石器時代至明清，長盛不衰。《禮記・玉藻》載：「古之君子必佩玉，右徵角，左宮羽，趨以採齊，行以肆夏，周還中規，折還中矩，進則揖之，退則揚之，然後玉鏘鳴也。故君子在車則聞鸞和之聲，行則鳴佩玉，是以非辟之心，無自入也。」

160 何為玉組佩？

玉組佩是玉佩的一種，又名「雜佩」、「佩玉」，是由璜、環、沖牙等多件佩玉串聯組成的垂直懸掛的佩飾玉。玉組佩迄今所知最早見於春秋早期，戰國達到極盛，漢代逐漸消亡。

161 動物形玉佩有哪些？

龍形玉佩形似龍，又名「玉龍佩」，多為片狀，「S」形，腹部上拱，中間有穿孔，可穿繫懸掛。龍形玉佩歷史悠久，從紅山文化一直延續到明、清。

虎形玉佩形似虎，又名「琥形佩」。商代晚期殷墟婦好墓出土一件虎形玉佩，長9.7公分，佩體扁平，尾上捲，作伏臥狀，以捲雲紋象徵虎斑，口牙間和虎尾處各有一圓孔。

西晉雙龍紋雞心形玉佩

鳥形玉佩形似鳥，歷代均有，主要有孔雀、鴛鴦、鳳、鶴、天鵝等造型。

馬形玉佩形似馬，又名玉馬佩。商代晚期殷墟婦好墓出土有兩件馬形玉佩，長均為6.3公分，佩體扁平，非常精美可愛。

魚形玉佩形似魚，又名「玉魚佩」。佩魚之風始於商代，商代的玉魚多為片狀，都很小，可能是隨身攜帶的飾物。唐代以後，魚形玉佩開始流行。

春秋早期虎形玉佩

宋代魚形玉佩種類較多，分為無鱗魚和有鱗魚兩種，常見的有鱗魚為鱖魚。到了元、明、清三代，魚形玉佩的魚形圖案紋樣更加豐富，出現了魚與荷花等組合成的圖案，寓意為「連年有餘」，還有龍頭魚身紋樣的玉佩，寓意為「魚龍變化」。

良渚文化鳥形玉佩

鹿形玉佩形似鹿，又名「玉鹿佩」。玉鹿佩是商、周時期玉飾中極具特色的作品。玉鹿佩有立體雕的，也有片狀體、側面形的。其造型或誇張其鹿角的分枝，或突出其吉祥和瑞，非常有藝術表現力。

羊形玉佩形似羊，又名玉羊佩，是常見的生肖器之一，因為羊是大吉之獸，「羊」字通「祥」字，故「大吉祥」常寫作「大吉羊」。玉羊佩一般多為立體形雕，中間有一通心穿孔，便於佩繫。

162 何為圓形玉佩？

圓形佩由繫璧演變而來，造型和紋樣極其豐富，諸如龍、鳳、蝙蝠、麒麟以及花開富貴、福壽雙全等種種圖案。

163 何為玉別子？

玉別子是玉佩的一種，造型圓潤，便於腰間別墜，故稱別子，也稱「腰墜」，常見的有雙獾別子、福壽別子等。多採用圓雕手法，也有鏤雕。古玩行通常把玉牌也稱為玉別子。

164 何為玉勒子？

玉勒也是一種佩玉，有方勒、圓勒兩種。方勒形似玉琮，只是器形要小很多。圓勒，多呈圓柱狀，中有一很小的穿孔，僅可穿繩。玉勒還可用作項飾，或嵌於器柄。

165 何為玉蟬？

玉蟬是一種似蟬蟲形態的裝飾玉，通常用作佩戴裝飾。玉蟬作為佩玉始於新石器時

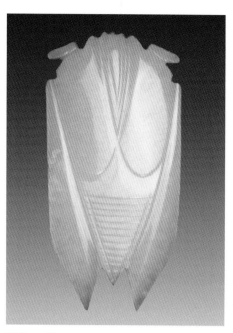

漢代子辰佩

漢代玉蟬

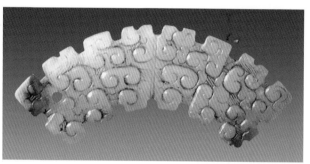

戰國中期璜形玉佩

代,帶有穿孔。到了西周早期才發展為喪葬用玉,一般放在死者口中,是為含蟬,寓意為「轉世、再生」。商、周玉蟬雕刻粗放,形象簡明概括,通常用簡單的陰線刻畫蟬的身體部位。漢代玉蟬造型規整,變化較少。宋代仿製的玉蟬多作佩玉。明代玉蟬的紋飾線條雕工又粗又深。清代玉蟬有圓身蟬和片狀蟬,其紋飾稀疏明朗,多用陽紋線來雕刻蟬身。

166 何為子辰佩?

子辰佩即雕有一龍一鼠的玉佩,一般龍蜷曲成環形,龍尾處有一老鼠,互相顧盼。在十二生肖中,子代表鼠,辰代表龍,故名。子辰佩寓意為「平安」,人們認為給小孩佩戴子辰佩有望子成龍的含義。子辰佩的製作始於漢代,到明清時期仍非常流行。

167 何為璜形玉佩?

璜形玉佩,亦稱佩璜,由玉璜演變而來,造型和紋樣繁多,有樸素無紋飾的,有簡單紋飾的,有把動物的輪廓變成璜形的。有一個或兩個孔,便於佩掛。璜形玉佩不只是腰飾,也可作胸飾和頸飾。璜形玉佩在新石器時代就有製作,西周時盛行以璜作雜佩,一套佩玉中出現多重玉璜,自上而下排列。

168 何為玦形佩？

玦形珮即以玦為佩飾，「玦」與「決」諧音，因此在《史記‧項羽本紀》中有「范增數目項王，舉所佩玉玦以示之再三。項王默然不應」的記載。

東漢玉翁仲

169 何為玉翁仲？

玉翁仲、玉剛卯、司南珮是古人認為最避邪的三件寶貝。玉翁仲是一種玉人佩。翁仲本是人名，姓阮，安南人。相傳秦始皇時他來到中國，始皇看他身材高大，武藝高強，派他守衛臨洮，威震匈奴。翁仲死後，始皇命人用銅鑄了他的像，放在咸陽宮司馬門外。後人因其有神威之力，又用石雕成翁仲形象，守護墳墓，所謂「塚間石人曰翁仲」。

今天見到的陵墓前的石人石馬，其石人就叫翁仲。所謂玉翁仲就是玉製的翁仲，用於隨身佩戴，以驅除邪魔。玉翁仲造型十分簡單，穿孔方法或從頭至足通心穿，或從頭至胸腹間分穿兩洞。

170 何為玉人？

玉人即用玉製作的人物造型佩飾，一般形體較小，立體雕，有穿孔，便於繫繩佩戴。玉人最早出現於新石器時期，明清十分流行。品種很多，有各種式樣的造型，各個時代有各個時代的特點。新石器時代玉人形象多為巫者；夏商周時期玉人多為跪坐姿態，或兩手交於胸前的站立姿態，此外還有不少玉舞人形象；明清時期，多為吉祥喜慶、戲嬉遊樂的玉人造型，如嬉嬰、羅漢、壽星、仕女等等。

171 何為玉牌子？

凌家漢文化玉人

玉牌子，呈方形或長方形，器表有淺浮雕或鏤

空雕刻的各種圖案與文字，有孔可穿繩佩繫。玉牌在明代開始盛行，清代多有仿明之作。

172 何為玉剛卯？

玉剛卯用以驅邪，是古代的護身符。玉剛卯呈方柱形，長不過寸許，中間有通心穿孔，外壁四面刻有32字銘文：「正月剛卯，靈殳四方，赤青白黃，四色是當。帝令祝融，以教夔龍，庶疫剛癉，莫我敢當。」據說，雕這個須看時辰，應在新年正月出卯時動刀，時辰一過，即要停止，故曰「正月剛卯」；「靈殳四方」是講該器之形；「赤青白黃，四色是當」意思為4種顏色代表四方，只要佩掛此物，就擋住了所有牛鬼蛇神的侵犯；而「帝令祝融，以教夔龍」則是告訴佩掛者，天帝已讓火神警告夔龍不可作惡、不可食人了，違者即被燒死；「庶疫剛癉，莫我敢當」是說，只要有剛卯在身，各種疾病就會被擋住。

173 何為司南佩？

司南佩，形似中文「工」字，因而又俗稱工字形佩。司南佩由兩個長方柱聯體組成，頂部有一似司南勺狀之物，底部為盤形，中間凹細處有個橫穿孔，為穿繩用。司南佩寓意為不迷失方向，有趨利避凶的意義，古人認為，出門掛司南佩「是為吉祥」。

司南佩最早見於漢代出土墓中。宋代大多仿製漢代司南佩。明代的司南佩，多呈工字形或圓柱形，邊緣鋒利，線條較硬。到了清代，頂部改勺形為鳥形或方形，分為兩種形制，有穿孔的仍舊做佩飾，沒有穿孔的則作為陳設品了。

明玉剛卯

174 何為玉劍飾？

玉劍飾指劍上的裝飾玉，古人又稱之為「玉具劍」，分為劍首、玉劍格、劍璏（劍鞘上帶扣）和玉劍珌四種。《說苑·反質》載：「經侯過魏太子，左服玉具劍，右帶佩環，左光照左，

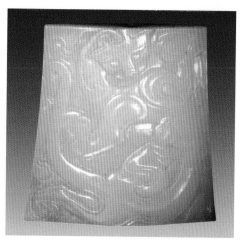

西漢獸面紋玉劍珌

右光照右。太子不視。經侯曰：『魏國有寶乎？』太子曰：『主信臣忠，百姓戴上，此魏國寶也。』經侯應聲解劍而去佩。」《漢書・匈奴傳》載：「單于正月朝天子甘泉宮，賜玉具劍。」《漢書・王莽傳》亦載：「進其玉具寶劍，欲以為好。」可見，當時貴族階層多視玉具劍與玉佩飾為寶物。

175 玉劍飾都有哪些？

玉劍首是位於劍柄端部的裝飾品，又稱為「標首」，多為圓形或方形。玉劍首正面多浮雕有渦紋、穀紋、獸紋、雲紋、蟠螭紋等。

玉劍格用於劍柄和劍身之間，即護手，有長方、橢圓、菱形等。還有的劍格，上端中部琢一缺口，下端中間略微出尖。在裝飾方面，在平面上常琢滿各類規整細緻的穀紋、雲紋、蒲紋、獸面紋等幾何形圖案。

玉劍珌即鞘末玉飾，與劍鞘末接觸的一端多有穿孔，有的是只有一個圓孔，有的是在一條直線上並列有三個小孔，中間一孔略大，而且垂直，兩側的小孔斜透使三孔相通。正面呈梯形，中腰略收，面上飾有形式不同的圖案花紋。

西漢捲雲紋玉劍首

176 何為玉觿？

玉觿是一種角形玉器，形似獸牙，用於佩戴裝飾或作為解繫繩結的工具。

玉觿於商代流行，其後歷西周、春秋、戰國，至漢而不衰，漢以後消失。《詩經・芄蘭》云：「芄蘭之支，童子佩觿。雖則佩觿，能不我知。容兮遂兮，垂帶悸兮。芄蘭之葉，童子佩韘。雖則佩韘，能不我甲。容兮遂兮，垂帶悸兮。」

春秋時期雙龍首玉珩

177 何為玉珩？

玉珩是一種成組佩飾中最重要的組件，呈弧形片狀。

玉珩是中國最古老的玉器形制之一，最早出現於西周，那時多用作胸飾，形狀多不規則，變化較多。春秋、戰國時期，玉珩的形式和紋飾極為豐

富，還出現了許多異形珩。漢代以後，玉珩的數量減少。到了明清時期，為了賞玩和收藏，多有仿製。

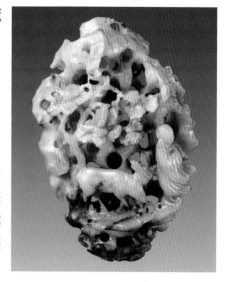

178 何為玉串飾？

玉串飾是一種項飾，由玉管、玉珠體貫穿而成。玉串飾始於新石器時代，良渚文化遺址中出土的玉串飾最有特色，良渚文化的玉串飾中，玉管的數量很多，通常以十餘件或數十件貫聯成串，每件玉管的截面大致呈圓形。而玉珠的數量較少，可分為直孔和燧孔兩類。

宋青玉人物山子

179 何為玉鳳？

玉鳳，即玉製的鳳鳥形器，其形態有片狀的，有立體圓雕的，也有作圖案使用的。

玉鳳在新石器時代就已出現，唐以後比較流行。

180 何為玉山子？

清翡翠荷塘庭苑圖插屏（一對）

玉山子即圓雕山林景觀、人文景觀或歷史場景的大型玉器，一般根據玉璞的形狀來碾琢。製作時先繪平面圖，按照「丈山尺樹，寸馬分人」的原則來構圖，再行雕琢，或浮雕，或深雕，使山林、人物、動物、飛鳥、流水等層次分明，各具形態，以取得玉料、題材、工巧的統一。宋、金、元時代的玉山子多以山林、雄鹿、人物為題材。明代多以山石樹木為主要內容。清代乾隆年間製作了許多玉山子，其中以「大禹治水」玉山最為宏大，此玉山由整塊玉雕成，重十萬餘斤，是世界上最大的玉雕作品，也是中國古代玉器走向鼎盛的重要標誌之一。

181 何為玉插屏？

玉插屏，一種小型的玉雕屏風。多用大塊薄片方形、長方形、圓形玉板為屏心，雕刻紋樣以後，一般插在一個精緻的紅木座上，或陳設在案上及架上。

182 何為玉掛屏？

玉掛屏，也是一種小型的玉雕屏風，屏心的製作與玉插屏一樣，只是嵌鑲陳設的方式不同。玉掛屏一般將屏心嵌入紅木框中，然後掛在牆上，因而稱作「玉掛屏」。

183 何為玉花插？

玉花插，即玉雕的插花器具，雖然主體為瓶形，但可以雕成各種造型，如白菜花插、荷葉花插等。花插也有大有小，不一定真要插花，也可以放在架上做陳設用。

184 何為玉蔬果？

玉蔬果，一種陳設玉器，即用玉石雕琢出蔬果形狀，並且利用玉石原料上的顏色，製作出逼真的感覺來。如玉蓮蓬、玉白菜等。

清翡翠雕白菜擺件

185 何為玉盆景？

玉盆景即玉製的盆景，玉盆景取材廣泛，多以花卉、果木、山水、動物、人物為主，其中以花卉盆景和果木盆景最為常見。

186 何為玉如意？

玉如意有多種形狀，或長柄鉤，或扁如貝葉，柄端如靈芝形或雲頭形，大體長約二寸，有的還鑲嵌了各種珠寶或雕有精美的寓意吉祥的紋飾。如意由古代搔癢用的爪杖演變而來，原為古印度佛教的用具，至於何時傳入中國無據可考，而目前所見的古代如意，多為明、清

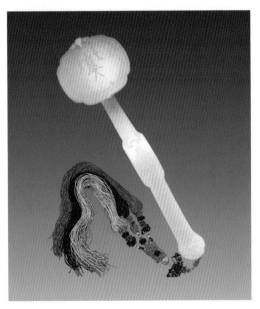

清白玉福壽呈祥如意

所製，並以清代為最多。此時的如意已沒有實用功能，只是一種「如人之意」的吉祥器物。

187 何為玉童子？

玉童子出現於唐代，盛行於宋代，其造型玲瓏巧雅，生動可愛，寓意吉祥，適合隨身佩戴把玩。古代常見的玉童子有攀枝童子、執荷童子、行走童子、騎鵝童子、戲傀儡童子、繫帶童子等。

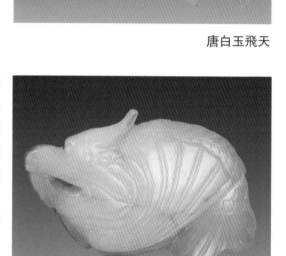

唐白玉飛天

188 何為玉飛天？

飛天是佛教諸神之一，於漢代從印度傳入中國，而玉製的飛天形象即玉飛天最早出現於唐代，且出土極少。唐代玉飛天臉形較為豐滿、裸胸、長裙、跣足，並受唐代繪畫的影響，其衣裙緊貼腿股，與敦煌盛唐壁畫上的飛天一致。遼金及宋代也有玉飛天佩，這時期的玉飛天的雕琢比唐代簡單，沒那麼精細，但藝術效果也很強烈。

189 何為玉摩竭？

唐白玉摩竭魚

摩竭是印度佛教神話中一種長鼻利齒、魚身魚尾的動物，漢譯作摩竭、摩羯、摩伽羅等。它被認為是河水之精，生命之本。摩竭的形象或以為源於鯨魚，或以為源於鱷魚，也有人認為其出於魚、象、鱷魚三種不同的動物形象。玉製的摩竭形象和玉飛天一樣是佛教藝術中為人喜聞樂見的形象，最早出現於唐朝，遼代比較盛行，遼陳國公主墓（位於內蒙古哲里木盟奈曼旗）中就有用白玉和琥珀製作的摩竭魚佩或墜飾。

190 何為玉神祇？

玉神祇是原始社會部族圖騰崇拜的產物，形象多為神化的祖先、部族的英雄、傑出首領、兇猛的動物以及自然神祇等。如紅山文化的豬龍、鴞、燕，良渚文化中透雕人首牌

飾，龍山文化神人面玉佩，商代玉羽人、人獸面合體飾等玉雕。

191 何為玉舞人？

玉舞人最早出現於戰國時期，在漢代最為流行。其形象比較統一，一般為長袖折腰翩翩起舞的女舞人。舞人長髮高盤於頭上，長裙曳地，一袖上揚於頭頂，甩到身子的另一側，一袖橫置腰際，袖垂於身子的另一側，作翩翩起舞狀。

192 何為玉辟邪？

辟邪是一種傳說中的神獸，體形有些像獅子，有角（獨角或兩角），有翼，因其有「辟除邪惡」之用，故為古人所重。玉製的辟邪即玉辟邪，迄今所知最早出現於漢代，但在唐代以後極少見，及至清代中期，復以新的形式出現。

193 何為玉麒麟？

麒麟俗稱「四不像」，是一種仁獸、瑞獸，與龍、鳳、龜並稱為「四靈」。其身體像鹿，頭形像羊，有角，牛尾，馬蹄。由於是想像傳說中的動物，故記載不盡相同，有許多種造型奇特的玉麒麟。陸游詩句：「腰佩玉麒麟」，可見它是古人佩飾玉之一。

194 何為玉龜？

龜也是四靈之一，玉龜即龜形玉雕，又名「玉鱉」。玉龜最早流行於新石器時代，最初應為一種占卜玉器，多為立體圓雕，器形很小，有的有小孔，可穿繩佩戴。宋代以後的玉龜多做鎮紙之用。

凌家灘出土的玉龜

195 何為玉蟾蜍？

玉蟾蜍即玉製的蟾蜍，蟾蜍俗稱「癩蛤蟆」，雖然醜陋但是卻有許多美麗的傳說。比如傳說月宮中有三條腿的蟾蜍，所以月宮又被人稱作「蟾宮」；世人用「蟾宮折桂」來比

喻考取進士；而「劉海戲金蟾」則與財富有關，因此人們通常把蟾蜍叫金蟾，俗語有云：「家有金蟾，財源滾滾。」

196　何為玉獾？

獾為寒帶動物，體形大小如狐狸。「獾」諧音「歡」，故玉雕佩件中常會有玉獾出現，並以兩隻獾合雕在一起為多，寓意為「合家歡」，是佩飾饋贈之佳品。

197　何為玉蓮藕？

蓮藕出淤泥而不染，為高潔之植物。「藕」與「偶」諧音，藕又隱含「節節通」之義，因此，玉雕佩飾件中常有玉蓮藕、玉藕片出現。

198　何為玉擺件？

玉擺件是一種玉製的陳設藝術品，最早出現於宋代，盛行於明清時期，其形制很多，大致可分為玉人物擺件、玉獸擺件、玉雕花鳥擺件。

玉人物擺件多以仙佛、神話人物、歷史人物、仕女、老人、兒童等為刻畫對象，一般採用圓雕形式，注重人物臉部的雕琢，注重人物神態及情節內容的表現；玉獸擺件多以雜色料為原料，造型有雞、牛、馬及龍、鳳、麒麟、朱雀、辟邪等，注重各種動物不同習性的不同表現，往往動靜結合，神態傳神；玉雕花鳥擺件以花卉、鳥類、蟲魚為表現題材，選料講究，刻畫真實，這樣的擺件往往具有立體三面觀賞的功能，造型優美，色彩鮮豔。

和田白玉壽星擺件

西漢獸面紋鋪首

199　何為玉鋪首？

玉鋪首用於門上裝飾之用。漢代出土玉鋪首很多，目前發現最大的一件高34.2公分，寬35.6公分，重10.6公斤，浮雕和鏤雕結合，獸面紋飾威嚴肅穆，雕琢非常精緻。

喪葬用玉

200 何為玉覆面？

玉覆面即玉質的喪葬面具，又稱「瞑目」，指古墓葬中死者面部覆蓋的綴有玉片的絹帛面幕，有綴玉面罩和整玉面具兩種。其中綴玉面罩較常見，最早出現於新石器時代，流行於西周，發展到漢代成為玉衣，包裹死者全身。玉覆面按照人的五官製作玉片，玉片的配置常因墓主身份地位或家境情況的不同而有繁有簡。由於眼睛在五官中最為重要，因此不論怎麼簡化，眼玉都是不能去掉的，而玉覆面被稱作「瞑目」即緣於此。

玉覆面

201 何為玉含？

琀也稱「飯含」（「琀」字又寫作「含」、「唅」），指含在死者口中的葬玉，與「九竅」之一的口塞不同。《說文解字》中說：「琀，送死者口中玉也。」古人認為死者不能空口而去，口含一物，可以再生，同時也希望透過這種玉石之美來保護死者屍身，使其不朽。據考古發現，早在殷商時期，死者口中就含有玉蟬、玉魚、珠、貝等；西周墓葬中也有玉蟬、玉貝乃至小玉塊等含玉；漢墓中發現的含玉則多為玉蟬。

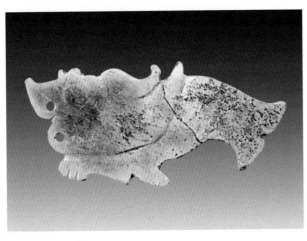

西周鳥形玉琀

202 何為玉握？

玉握又名「琥」，是一種死者握在手中的玉器。就如同玉琀是古人不忍心死者「空口而去」一樣，玉握是古人不忍心死者「空手而去」，認為死者一定要握著點東西來象徵財富或權力。玉握最早出現於新石器晚期，流行於周代至漢代，玉握以漢代的玉豬最為有名，玉豬又名「玉豚」，多

為圓柱形,頭部尖細,用「漢八刀」之法雕琢豬腿與眼、鼻等。

203 何為玉衣?

　　玉衣又名「玉匣」、「玉柙」,是一種包裹死者全身玉質的衣罩,其外觀與真人體形相同。玉衣由金絲或銅絲按照人體比例連綴許多幾何形小玉片而成,可分為頭罩、上身、袖子、手套、褲筒和鞋子六個部分,通常一件玉衣要用2000～4000片玉片製成。玉衣由玉覆面發展而來,形成於西漢時期,止於東漢末年。

　　在西漢,玉衣的喪葬制度非常嚴格,有金縷、銀縷、銅縷三種等級制度。據《後漢書・輿服志》記載,皇帝使用金縷,諸侯王、列侯、始封貴人、公主用銀縷,大貴人、長公主用銅縷。可見不同的材料表示死者身份的高下不同。

西周龍紋玉握

204 何為玉塞?

　　玉塞即所謂「九竅玉」,填塞或遮蓋在死者身上九竅的9件玉器。所謂「九竅」,指人的兩隻眼睛,兩個鼻孔,兩個耳孔,一個嘴,以及生殖器和肛門。「九竅玉」即:眼塞2件,鼻塞2件,耳塞2件,口塞1件,肛門塞1件,陰塞1件。其中眼塞又稱眼簾,圓角長方形;鼻塞略作圓柱形;耳塞略作八角錐體形;口塞如新月形,內側中端有三角形凸起;肛門塞為錐台形,兩端粗細不同;男性生殖器塞為一短琮形,一端封閉,女性為一短尖首圭形。晉代葛洪《抱朴子》中說:「金玉在九空與,則死人為之不朽。」

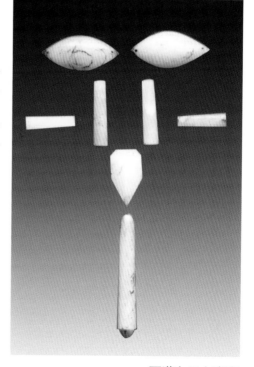

西漢白玉九竅塞

205 何為玉耳璫?

　　玉耳璫是一種放在死者耳邊的玉飾件,根據放置具體方位的不同分為兩類。一類有孔,懸掛於耳上;一類沒有孔,塞在死者耳中。

日用玉器

清翡翠蓋碗

206 何為玉碗？

碗是家庭的日常生活用具，玉碗有多種樣式，有高足碗、蓋碗，如白玉蓮瓣蓋碗、碧玉高足碗、青玉飛龍喜壽字碗等。

207 何為玉杯？

玉杯比玉碗小，有帶柄和無柄之別。玉杯的形制更豐富，有各式各樣的紋飾和造型，如白玉葵花杯、青玉雁柄杯、青玉竹節杯、青玉斗式杯等，都非常別緻。

208 何為玉瓶？

玉瓶形式十分繁多，有素面的，有雕琢紋飾的，可作容器或陳列品。

209 何為玉壺？

玉壺即玉製的壺，其形制最富於變化，可作容器或陳設用品，如方壺、執壺、雙耳壺等等。

210 何為玉觥？

玉觥是一種似動物角形的盛酒的器具，在清代常見。其形制大體仿西周時期的銅觥，大口，尾部捲曲，有底座，外部雕琢有動植物圖案。

西周白玉鳳觥

211 何為玉卮？

玉卮，古代一種盛酒器，由蓋和卮體組成，卮體呈圓筒狀，有三足，一圓扳手。《史記·高祖本紀》：「高祖奉玉卮，起為太上皇壽。」

212 何為玉尊？

玉尊是一種盛酒器具，流行於漢代。其基本形制為三足，單耳直筒形狀，多為王公貴族使用，是身份地位的象徵。

漢代玉卮

213 何為玉豆？

玉豆是一種盛物的容器，專用於放置醃菜、肉醬和調味品等。器淺如盤，高足，有的有蓋。豆是新石器至商、周之時的食具、祭器，以青銅製最為多見。玉豆極少，現在所見玉豆基本為明清時仿製的。

214 何為玉匜？

玉匜一種玉製的盥洗用具。青銅器的匜盛行於西周晚期，而玉匜則出現於宋代。

215 何為玉盒？

清翡翠蓋盒

玉盒出現於唐宋時期，流行於明清時期，其形式多樣，有方形、圓形、桃式等，如北京故宮博物院藏的清雍正年間的金胎珊瑚雕雲龍福壽紋桃式盒，高19公分，長24.5公分，寬20.5公分，桃形，盒身滿雕雲水紋，有蓋，盒蓋金質口沿，滿雕凸起的雲龍紋，中間雕福壽紋。

清翡翠盤

216 何為玉盤？

　　玉盤也是家庭的日常用具，大的叫「盤」，小的叫「碟」。敞口、淺腹，有圈足，多為圓形，明清時流行，品種繁多，式樣多樣。唐代詩人白居易的《琵琶行》中說：「嘈嘈切切錯雜彈，大珠小珠落玉盤。」

217 何為玉几？

　　玉几為古代一種用玉裝飾的案几，是傢具的一種，形體較小。玉几的文字記載最早見於《尚書‧顧命》：「相被冕服，憑玉几。」但玉几多為達官貴人或宮廷所用，民間很少，因此非常罕見。

218 何為玉杵臼？

　　玉杵臼為玉製的杵和臼。杵為舂米用的棒槌，臼為中間凹下的舂米器具，兩者須合用。唐代裴鉶《傳奇》曾寫及有神仙所遺靈丹，但需玉杵臼搗六百日。故後世亦以玉杵臼比喻難得之物。

219 何為玉鑿？

　　鑿是一種挖槽或穿孔用的工具，形體窄長，平刃或弧刃。玉鑿即玉製的鑿，最早出現於商代晚期。

220 何為玉紡輪？

新石器時代玉紡輪

　　玉紡輪是一種玉製的紡織工具，圓形，中間穿孔，壁比較厚。玉紡輪與玉璧除大小、厚薄有差別外，其形制、製作技術幾乎一樣，表明兩者有極近的淵源關係。

221 何為玉香爐？

玉香爐指佛前焚香的玉
爐，大多作「鼎」形，或有蓋，
或無蓋，有各種紋飾雕工。常
見的有亭子爐、鼎式爐、高足
爐、獸形爐等。

明朝簋形玉爐

222 何為玉薰？

玉薰又叫「香薰」，是用來燃香料薰房間或衣物的玉製薰具，由托盤、承柱、爐身、
爐蓋四部分組成。依形制不同又可分為玉薰盒、玉薰筒、玉薰爐。

223 何為玉花薰？

玉花薰是供放鮮香花、乾香花或香料用並使香味散出來的玉製薰爐，周身鏤空雕花，
香花放在裏面，香味由四邊鏤空處溢出。造型多樣，如鼎狀、簋狀、碗狀或者圓筒狀、方
筒狀等等。

224 何為玉鼻煙壺？

鼻煙壺是裝鼻煙的器具，清代盛行吸
鼻煙，因而鼻煙壺也非常講究，佩戴上品
的鼻煙壺成為一時的風尚。傳統玉石都可
製作鼻煙壺，如水晶、瑪瑙等，但最珍貴
的還數翡翠和和田玉。其形制小而扁，具
體造型和紋飾則千變萬化。

清饕餮紋翡翠煙壺

225 何為玉燈盞？

玉燈盞是玉製的生活用具之一。古時
點油燈，燈盞多為銅和陶瓷所製，玉製的很少。存世的有青玉高足燈盞。

226 何為玉枕？

玉枕即玉製或用玉裝飾的枕頭。中國人自古有枕玉而眠之習慣。古代玉枕可分為三種：整塊都用玉製成，長方形，枕面有凹坑，方便枕入人的頭部；在金屬或木板上鑲嵌長條形玉塊；銅製或漆木製的枕頭，在上面鑲嵌各種玉飾。在漢代還流行一種隨葬用的特別玉枕，形制比較簡單。

<h2 style="text-align:center">文 房 玉 具</h2>

227 何為玉筆筒？

玉筆筒是玉製的一種用於放毛筆的筒形器物，各色玉材都有，以黃玉、白玉為多，有素面的也有刻有圖案的，流行於明、清時期。

228 何為玉筆架？

玉筆架是一種臨時擱毛筆或插毛筆的玉製文房用具。造型多種多樣，一般多為「山」字形，因而又名玉筆山。

清山水人物紋玉筆筒

229 何為玉硯？

玉硯即玉製的硯臺，據文獻資料記載，早在上古時代，黃帝就「治玉為墨海，篆文為帝鴻氏硯」。但只是傳說，玉硯大量出現是在明、清時期。玉硯雖然質地細膩、堅實，而且不吸水，不傷筆毫，但滑而不發墨，所以玉硯不實用，作為文房用具僅作陳設用。有時

明代玉硯

用來研朱砂。

230 何為玉硯滴？

硯滴又稱「水滴」、「書滴」，
貯存清水供磨墨之用，最早出現於晉
朝，流行於明、清兩代。玉硯滴即玉
製的硯滴，器形較小，空腹，有單獨
的進水孔和出水孔，樣式多樣，古雅
別緻。

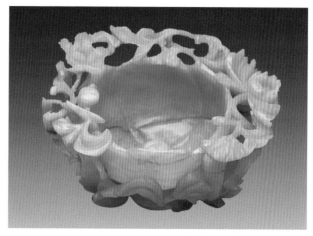

明晚期至清青玉花式洗

231 何為玉書鎮？

玉書鎮又名「玉鎮紙」，用於壓
書或紙，一般多作尺形，又稱「鎮
尺」。玉書鎮有各種造型，如動物造
型馬、鹿、兔等，但底部均為平板
形，否則不能起到壓紙作用。

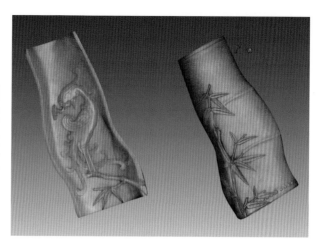

清竹節玉臂擱

232 何為玉筆洗？

玉筆洗是洗濯毛筆用的文房用具，類似碗碟。據考古發掘來看，玉筆洗可能產生於秦
漢之際，目前所知最早的玉筆洗為故宮博物院收藏的漢代作品。

233 何為玉筆管？

筆管又稱「筆桿」，是用手執筆的部分，多用竹製。玉製的筆管即玉筆管，色美，質
細，明、清兩代比較多。

234 何為玉臂擱？

臂擱又稱「擱臂」或「腕枕」，是一種寫字時墊在手腕下的文房用具，多為瓦筒狀，
兩側底邊稍向下捲，凸起的表面上多鐫刻有花紋和文字。中國古代的書寫格式，是自右向

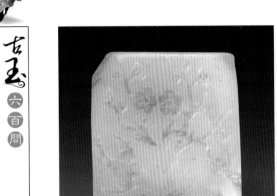

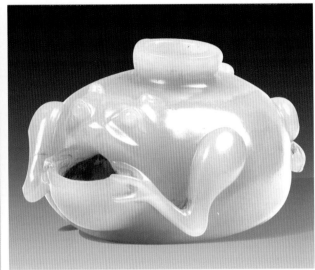

玉雕梅花小墨床

清青玉水盂

左，為了防止手臂沾墨，人們寫字時用臂擱擱放手臂，故名。

235 何為玉墨床？

玉墨床是用來放墨錠的玉製文房工具，器形較小，其形狀多樣，有几案形、盒形、圓形等。迄今所知最早的玉墨床為明代器物，清代玉墨床較多，但多用玉鑲嵌床面。

236 何為玉色盤？

玉色盤是用來調製顏料的玉質盤，敞口，腹淺，最早見於商代。

237 何為玉水盂？

玉水盂是盛放磨墨水的文房用具，多為圓形，似缽，器形小而雅致，在文玩類的工藝品中，屬於品位較高的藏品。

238 何為玉印泥盒？

印泥盒又稱「印奩」、「印色池」，即用來盛放印泥的小盒，多為圓形、橢圓形、方形倭角等。玉製印泥盒造型各異，雕琢精妙，也是屬於品位較高的藏品。

清青白玉直紋爐瓶三式

239 何為玉製爐瓶三式？

古人在書房中常擺放爐、瓶、盒三種器具，稱作「爐瓶三式」，亦稱「爐瓶三事」。爐是焚檀香用的，有鏤空的蓋子。瓶裏則會插一支鍍金銅鏟和一雙鍍金銅箸，是撥香灰和夾檀香木及炭精用的，小盒則是盛放檀香木的。

240 何為玉印章？

中國古代印章起源於商代，發展至今，除日常應用外，又多用於書畫題識，並發展成為中國特有的藝術品之一。玉印章即玉製的印章。漢代玉印在古印中十分珍貴稀少，值得收藏。

241 何為傳國玉璽？

玉璽是玉印章的一種，自秦以來，玉璽作為代表皇權的專有之物，只為皇室所用。而皇帝的專用玉璽，共六方，為「皇帝之璽」、「皇帝行璽」、「皇帝信璽」、「天子之璽」、「天子行璽」、「天子信璽」。

這六方玉璽的用處分別為：「皇帝之璽」，賜諸王書則用之；「皇帝行璽」，封常行詔敕則用之；「皇帝信璽」，下銅獸符，發諸州征鎮兵，下竹使符，拜代徵召諸州刺史，則用之；「天子之璽」，賜諸外國書則用之；「天子行璽」，封拜外國則用之；「天子信璽」，發兵外國，若徵召外國，及有事鬼神，則用之。

皇帝還有一方玉璽不在此六方中，即「傳國玉璽」，又稱為「傳國璽」、「傳國寶」。傳國玉璽據說是秦始皇命玉工用和氏璧琢製的，方圓四寸，螭獸鈕，上交五蟠螭，正面刻李斯所寫篆文「受命於天，既壽永昌」（說法不一），以作為「皇權神授、正統合法」之信物。

傳國玉璽作為國之重器，為秦以後歷代帝王相傳之符印。傳國玉璽貫穿中國歷史長達兩千多年，忽隱忽現，最終在元順帝時銷聲匿跡，因此明清兩代均未傳傳國玉璽。

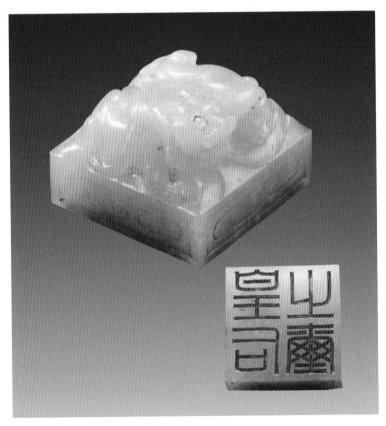

西漢前期「皇后之璽」玉璽

新石器時代玉器

242 新石器時代的古玉文化遺址有哪些？

新石器時期古玉文化遺址最著名的有遼河流域的新樂文化和紅山文化，黃河流域的仰紹文化、大汶口文化、龍山文化和齊家文化，河姆渡文化、長江流域的大溪文化、石家河文化、良渚文化，東南沿海地區的曲江石峽文化及臺灣卑南遺址等。

紅山文化勾雲形玉佩

在所有的新石器時期玉文化中，主要以北方的紅山文化和南方的良渚文化為代表。

新石器時代玉器的造型以幾何類和像生類為主，器形以方圓形為主，其裝飾紋樣多採用管鑽及陰刻手法。像生類玉器取材有兩種，即現實生活中物種和幻想中的神化異化物種。

新石器時代玉器的紋飾大多簡單古樸，多為獸面紋、人物紋、幾何紋等，一般採用陰線雕刻或浮雕。

243 新樂文化玉器的代表作是什麼？

新樂文化遺址位於瀋陽北郊，距今7000多年，自1973年起經文物部門兩次發掘，先後出土數百件玉、石器製品。其中最引人注目的有五件玉器，分別為：墨玉斧一件，造型扁平，一端有刃；墨玉圓鑿式雕刻器一件，黑白花紋，玉質細膩；青玉雙刃斧式雕刻器一件，造型扁平，兩端磨刃；碧玉雙刃鑿式雕刻器一件，玉質晶瑩，打磨光亮，造型長直，斷面呈橢圓形態，兩端有刃，刃口鋒利；鼓形墨玉珠一件。

244 紅山文化玉器的主要作用是什麼？

紅山文化是我國北方地區新石器時代的一種原始文化形態，距今5500～6000年，分佈在東起遼河流域、西至燕山南北的廣大地區，由一個龐大的部落集團所創造。因1935年首次在內蒙古赤峰市郊區紅山附近發現這種原始文化遺址而得名。

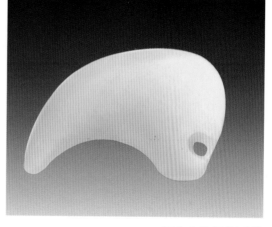

紅山文化瑪瑙串佩飾

紅山文化玉鈎形器

　　紅山文化出土玉器很多，在各地發現的紅山文化墓葬中，常發現有玉器隨葬。以玉為葬，以玉為祭，是紅山文化上層建築的重要組成部分。從出土的玉器中不難看到，紅山文化出土的玉器有相當一部分與原始宗教有關，至少有一部分可以確定為具備了禮器的性質，有的可能具有雙重意義。它既是人們所佩帶的裝飾品，同時也是人們從事宗教活動和禮制化的產物。如玉璧是裝飾品，但也是祭天的禮器；玉鉞作為隨葬品是墓主人權威身份的象徵，但是在祭祀禮儀中，它便成了巫師手中的法器；玉龜、獸形玉和龍形玉，都是當時人們信奉的靈物。而且這些玉器的製作已非常規範化，這說明這類玉器的製作不是隨意為之，而是遵守著嚴格的規則，受一定觀念形態所制約的。

 245 紅山文化玉器有何特點？

　　紅山文化玉器的器形多為動物形，器形較小，多為扁平體，因為大多用於懸掛、佩戴，所以幾乎所有的器物都琢有孔洞。其鑽孔方式有單面鑽孔和對鑽兩種。從出土玉器來看，其孔壁上都有螺旋打磨痕跡。有的有臺階式痕跡，應為對鑽時對接有誤差造成的。

246 紅山文化玉器主要分哪幾類？

　　紅山玉器的品種主要分為三類：一是動物類，有玉龜、玉鳥、玉蟬、玉豬、玉龍等；二是佩裝類，有勾雲形玉佩、魚形玉佩、虎形玉佩、玉珠墜、玉環、馬蹄玉箍、棒形玉等；三是神器類或禮器類，有獸形玉，雙龍首玉璜、玉璧，雙聯玉璧及三聯玉璧等。

紅山文化玉豬龍

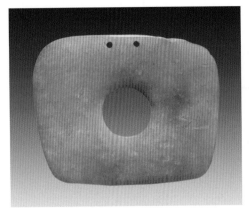

紅山文化玉梯形圓孔邊刃器

紅山文化勾雲形玉器

紅山文化的玉材主要是岫岩玉（蛇紋石），少量的有綠松石、青金石、墨玉、青玉、玉髓、瑪瑙和煤玉。所用玉材多乳白色、淺白色、淡綠色、黃綠色、淡黃色，亦有青色、深青色和棕褐色，有少量碧色、正黃色和黑色。一般為蠟狀光澤，也有一些呈玻璃光澤。

 247 紅山文化玉丫形器有何特點？

丫形器是紅山文化玉器中的一種特別品種，形若「丫」字，故名。其用途至今還是一個謎，有人認為是一種祭祀玉器，也有人認為是氏族首領的權力象徵。外形呈片狀，獸頭，有大而薄的雙耳，耳間有較深的凹凸，器表雕有獸面紋，眼廓呈雙聯環形，有寬而薄的闊形嘴，器柄略窄於上部，但要長很多，有凹凸相間的橫節紋，下部有孔。

 248 紅山文化玉圓孔邊刃器有何特點？

圓孔邊刃器又稱圓形器，孔大，內外緣均磨成刃狀，但不夠鋒利，兩面均呈圓弧凸起，一般鑽有一至兩個小孔以便佩繫，似璧但非璧。圓孔邊刃器似從環狀刃形器發展而來，應為切割的工具。圓孔邊刃器除了圓形外，也有不少的三角形、梯形或多邊形。

249 紅山文化玉勾雲形器有何特點？

勾雲形器也是紅山文化代表性玉器之一，又稱勾雲形玉佩，它不是一般性的裝飾玉器，而是為當時的禮制專門製作的一種禮器。

勾雲形器多為扁平的長方形，中心鏤空一彎鈎，四角對稱地向外呈捲鈎狀，中間厚，四周薄。還有的勾雲形器一邊或兩邊帶有雙並連的尖齒。

250 紅山文化玉馬蹄形玉器有何特點？

　　馬蹄形玉器是紅山文化玉器中的獨特品種之一，呈長筒形，一端平口，一端斜口，平口兩側有小孔，估計為繫繩所用，整體形似馬蹄，故名。其用途原來不明，推測是臂飾；但根據其出土情況來看，多被認為是束髮的髮箍。因為在墓葬中，這種馬蹄形玉器多發現在人的頭骨後側。

251 紅山文化玉三孔器有何特點？

　　三孔器是紅山文化特有的玉器，有平首狀或獸首狀的，其中以獸首形的三孔器較多。三孔器的用途眾說紛紜：有人認為這是一種套在手指上的作戰兵器；有人認為這是一種祭祀禮器，是部落首領在舉行重大活動時與天對話的工具；也有人認為三孔器本身就是一種圖騰；還有人認為器上的三個孔，代表三重天，也可能表示太陽。

紅山文化馬蹄形玉器

252 紅山文化玉豬龍有何特點？

　　玉豬龍在紅山文化中多有發現，豬首龍身，整器似豬的胚胎，呈「C」形，口微張，獸首肥大，雙耳豎立，吻部前突，鼻尖以陰刻線飾多道皺紋，脊背部對穿雙孔。在出土和傳世的此類玉器中，絕大部分玉豬龍的高均在 15 公分以下。玉豬龍不僅僅是一種裝飾品，而且應是代表某種等級和權力的祭祀禮器。

253 紅山文化「C」形玉龍有何特點？

　　玉龍是紅山文化玉器中最有代表性的一種玉雕。這種玉龍最有名的是內蒙古昭烏達盟翁牛特旗三星他拉村出土的大型龍形玉，是我國迄今發現最早、保存最好的玉龍，有「中華第一龍」之稱。這件玉龍彎曲成「C」字形態，似瑰，最大直徑達 26 公分，身前蜷，尾部向上自然彎曲接近於頭部，頭部稍大，鼻孔呈圓形，龍嘴抿成一條線，雙眼凸起，前圓後尖，額部及下頜皆刻有細密的方格形網狀紋，自額頭向後脊延伸有一條長鬣。龍身中部有一小孔，可用於懸掛和佩戴。

紅山文化「C」形玉龍　　　　　　　　　　　　　大汶口文化玉人面

254　紅山文化玉鴞有何特點？

鴞是滅鼠能手，在我國北方很常見，因此在紅山文化玉器中多見玉鴞。紅山文化中出土的玉鴞多作展翅飛翔狀，鴞首突起，雙眼圓睜，非常威猛。玉鴞不僅僅是一種裝飾玉器，更是當時人們心中的神，人們透過它可以和上天神靈溝通。

255　紅山文化玉龜和棒形器各有何特點？

紅山文化玉器中玉龜頭部略呈三角形，頸長伸，背橢圓，尾尖，四肢蜷伏。紅山文化遺址出土的玉龜多為一對，分別放置在死者的左右手中。

棒形玉器為紅山文化特有，用途至今不明。通常為棒槌形，斷面圓形，通體磨光。

256　大汶口文化都有哪些玉器？

大汶口文化是我國黃河下游地區的新石器文化，距今4400～6300年，1959年發現於山東泰安大汶口遺址，因而得名。主要分佈在山東、蘇北、皖北和豫東的汶河、泗河、沂河、淄河、淮河下游的廣大地區。

大汶口文化遺址出土的玉器很多。如在山東地區大汶口文化遺址中，發現了玉鏟、玉鑽、玉鑿、玉指環、玉臂環、玉笄和玉管飾等；在江蘇新沂花廳大汶口文化墓葬中，出土了150件（組）玉器，有琮、琮形錐狀器、琮形管、錐、耳墜、串飾、鐲、環、瑗、指環、佩、柄飾、珠、管等。

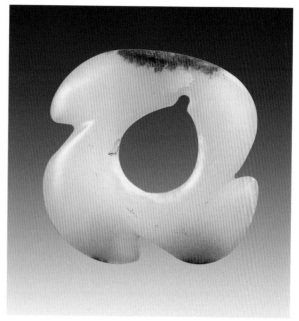

大汶口文化玉鉞

龍山文化玉璇璣

 257 大汶口文化玉器有何特點？

　　大汶口文化玉器的基本器形為幾何形、圓曲形和方直形。在紋飾方面多為人面紋，主要是線刻紋飾，比較簡約。大汶口文化出土的玉器中多為小型的佩戴性玉裝飾品，基本不見玉璜、玉玦。

　　從出土玉器看，大汶口文化玉器的鑽孔是用先琢後鑽法完成的，即先把玉器琢好，然後在要鑽孔的地方進行反覆琢磨，當器體出現圓形凹槽時，再用尖銳的鑽具進行鑽孔。在大汶口遺址四號墓出土有鑲有綠松石珠的骨雕筒，這是我國古玉史上最早嵌綠松石工藝的實例。

　　大汶口文化玉器是由一種近似於細石的玉材製成的，玉質細膩滑潤，透明度很差，或泛青色，或泛黃色，還有的在青色中帶有褐色花斑，另外還出現了類似岫岩玉的製品。

 258 龍山文化玉器都有哪些品種？

　　龍山文化泛指黃河中、下游地區新石器時代晚期的一類文化遺存，因發現於山東章丘龍山鎮而得名，距今3950～4350年，分佈於山東、河南、山西、陝西等省。

　　龍山文化出土的玉器較多，主要品種有穿孔玉斧、刻紋玉笄、斧形玉刀、玉鉞、玉鏟、玉鏃、鏃形玉玲、玉鐮刀、玉芟刀、玉璧、玉璜、組合玉佩、玉鐲、玉簪、玉釧、玉管、玉璇璣、鞍形玉器、幾何形玉器、人頭玉雕像以及嵌綠松石的骨器等。

龍山文化鷹紋玉圭

 259 龍山文化玉器有何特點？

龍山文化玉器的基本器形為幾何形和動物形，紋飾多為網格紋、直線紋、人面紋、獸面紋及鳥紋等。在玉器的製作上，主要採用片雕和鏤雕的方式，一些鑲嵌工藝也得到了使用，線紋上有陰刻和陽刻，但多採用陽刻的方式。

龍山文化時期，玉器加工工藝有了很大進步，當時出現了厚度不到1公分的刻玉刀，因此，龍山文化的玉器製作沒有紅山文化那樣粗糙。

從出土玉器來看，龍山文化輕薄的鑽孔沒有明顯的大小變化，並且器表的紋飾雕琢以浮雕為主，鏤雕為輔。其線紋有陽線紋和陰線紋兩種，多為陽線紋。

260 龍山文化玉器所用玉材有哪些？

龍山文化玉器所用的玉材多為透閃石。有人認為這些透閃石來自山東海陽，河南洛陽、孟津，陝西神木、延安、藍田，山西汾水等地；也有人認為來自遼寧寬甸等地。其他材料還有瑪瑙、玉髓、綠松石、蛇紋石等。

 261 龍山文化禮儀玉器有何特點？

龍山文化的禮儀玉器種類繁多，有玉琮、玉圭、玉戈、玉鉞、玉璇璣等，這些玉器都帶有龍山文化的典型特點。比如龍山文化的玉琮有扁平狀的，也有短分節式的，其紋飾或有簡化的獸面紋或光素無紋；龍山文化的玉圭多平首式，頂緣有刃，紋飾多為人面紋、獸面紋、鳥紋；龍山文化的玉鉞多為扁平狀的梯形，兩腰略收，背部平直；龍山文化的玉璇璣以璧或環形為主體，外緣順出三個或四個指向一致的齒形。

262 龍山文化神人獸面紋玉鏟有何特點？

神人獸面紋玉鏟，山東日照兩城鎮出土，現藏山東省博物館。該玉鏟呈長方形，扁平體，刃口寬度略大於肩部，長18公分，寬0.8公分。在玉鏟的兩面肩部都刻有神人獸面紋樣，該紋樣是以雲紋的單條曲線為基礎相互連接而成，形象極度變形，但總體結構不失人

龍山文化神人獸面紋玉鏟

面模樣：中有渦紋雙眼，鼻翼為橫紋裝飾，頭戴對稱花冠，頷下雲紋環繞。有一面還刻意琢出顯露牙齒的大嘴，於柔曲的線條之中蘊藏著猙獰之美。

龍山文化玉人頭

 263 龍山文化神人獸面紋玉斧有何特點？

神人獸面紋玉斧，亦名平首圭，北京故宮博物院藏品。玉斧總體為扁平長方形，腰略內收，上有圓孔，兩面中部都飾有弦紋和繩紋。有一面還琢有神人獸面紋，也是以若干單個雲紋勾連而成，裝飾味道很濃，長21公分，寬5.5公分，厚1公分。

 264 龍山文化玉冠飾有何特點？

1989年，山東省臨朐縣朱封出土一件龍山文化時期的玉冠飾。此件玉冠飾為簪形，由簪首和簪柄兩部分組成。簪首形似玉佩，紋飾左右對稱，輪廓冠飾由兩色玉組成，冠飾背為青白玉，作鏤空處理的對稱夔龍紋飾，花紋間鑲嵌綠松石，簪首的下部邊緣磨出凹槽，簪柄頂端有一榫式缺口，正好插入此凹槽內。簪柄細長而尖，為青玉竹節飾，做工精緻。這件玉冠飾代表了山東龍山文化玉器的最高水準。

 265 馬家濱文化玉器都有哪些？

馬家濱文化是環太湖地區範圍內與河姆渡文化平行發展的一支新石器時代文化，距今6000～7000年之久。馬家濱文化最早是在1959年3月發現於浙江嘉興南7.5公里處的馬家濱，故名。馬家濱文化出土玉器有玉

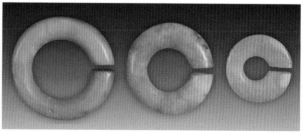

馬家濱文化玉玦

璜、玉鉞、玉鐲、玉管及玉墜等，所用玉材有白玉、青玉、蛇紋石玉料和瑪瑙等。馬家濱文化玉器遺存狀況與河姆渡文化相仿，屬玉器文化的初起時期。

 266 崧澤文化時期製作玉器嗎？

崧澤文化以上海市青浦區崧澤遺址為其代表，分佈範圍仍以太湖流域為中心，基本上和馬家濱文化相一致。主要遺址有吳縣的草鞋山、張陵山、武進區的圩墩村、松江區的揚村廟等，距今5000～5300年。崧澤文化早期的玉器遺存很少，墓葬中寥寥無幾，基本只有玉玦出土，玉璜出土很少。崧澤文化中期，出土有璜、環、珠、墜等。崧澤文化晚期，有較大型的玉鐲、玉璧和超大型的玉斧出土。

267 崧澤文化玉琀和玉璜各有什麼特點？

崧澤文化遺址出土的三件玉琀應是史前玉中最早者之一，其形式非常獨特，樣式各不相同，有三個造型：一件是淡綠色，圓餅形，一側穿一個小孔；另一件同是淡綠色，卻做成了璧形；還有一件是墨綠色，雞心形，中間穿一個孔，長達4.2公分。

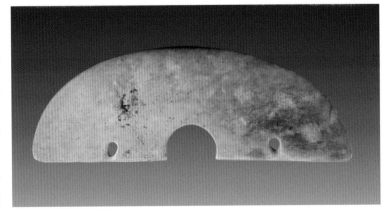

崧澤文化玉璜

崧澤文化遺址出土的玉璜有著豐富多樣的特點，有半環形的，也有半璧形的，更有兩件仿鳥魚之形的玉璜，僅為崧澤文化時期所見，造型生動、含蓄，可能是當時意識形態的一種反映。

 268 為什麼說良渚文化玉器是新石器時代玉器製作的高峰？

良渚文化是中國長江下游太湖流域一支重要的新石器時期文明，因1936年發現於浙江餘杭良渚鎮而得名，距今4150～5250年，主要分佈在江蘇、浙江、上海三省市內，其中以浙江餘杭反山、瑤山的良渚文化遺址最為有名。良渚文化的玉器，達到了中國史前文化的高峰，其數量之眾多、品種之豐富、雕琢之精湛，在同時期的中國乃至整個世界擁有玉傳統的部族中都是獨領風騷、首屈一指的。

269 如何看待良渚文化反山遺址大型祭壇？

　　反山良渚文化祭壇遺址位於杭州餘杭區長命鄉雉山村，1986年由浙江省文物考古研究所反山考古隊進行了首次發掘，在650平方公尺的範圍內清理墓葬11座。這些古墓全部位於一座人工堆築的「高臺土塚」之上。

　　這次發掘所獲玉器達1100餘件（套），占全部隨葬品的90%以上。這些玉器的品種為：玉璧5件、玉琮21件、玉鉞5組（連同玉冠飾、鉞身和玉端飾）、玉璜4件、玉鐲12件、玉帶鈎3件、冠形飾9件、錐形飾73件、圓牌形飾13件、鑲插端飾19件，此外還有柱狀器、杖端飾（分帶樺杖端飾和帶卯杖端飾）、串掛飾（含管、珠、墜相互搭配串聯而成）；單粒品種有竹節形管、束腰形管、鼓形大珠、小珠、束腰形珠、球形珠、半圓形珠；墜飾有琮形管；串綴飾有鳥4件、魚1件、龜1件、蟬1件。此外還有鑲嵌件等。

270 良渚文化玉器所用玉材有什麼特點？

　　良渚文化玉器所用玉材主要以太湖地區、天目山和寧鎮山一帶出產的軟玉為主，也可能來自遼寧寬甸或細玉溝，成分主要是透閃石和陽起石。另有一部分和岫岩玉接近，礦物成分以蛇紋石為主，可能來自鎮江。此外，還有瑪瑙、玉髓等材質，可能來自安徽和江蘇六合。

　　良渚文化玉器選材廣泛，玉色不盡相同，多乳白色、淺白色、青色、淺黃色、淺淡的青綠色等，玉器表面多泛出寶石般的瑩潤光澤。也有一些因長期受到沁蝕，玉質變得疏鬆，表面光澤盡去，質感與粉筆相似。另外，出土的玉璧、玉環等器面常有白色、赭褐色或墨綠色的盤狀條斑，顏色駁雜，質地並不純淨。

良渚文化玉圭

271 良渚文化玉器的工藝特點是什麼？

　　良渚文化玉器的裝飾和使用多與巫術禮儀有關。這時期的玉器多由初始的裝飾物向神異靈物演變，其紋飾主要以人面紋、獸面紋為主。因此，良渚文化的玉器展示的多為一種猙獰之美。

　　良渚文化玉器的造型多為幾何形和人物形等，幾何形中有圓曲形的，有直方形的，也

良渚文化玉琮

有方圓結合的，另外還有一些是三叉形。在良渚文化時期出現了大型玉禮器，比如玉琮，有的直徑達40公分。

良渚文化時期，玉器製作的工藝非常完善，切割玉料和在玉器上鑽孔都比紅山文化有了很大進步。良渚文化玉器的裝飾手法以陰線刻為主，淺浮雕為輔，並出現了圓雕、半圓雕、鏤空等高難度的裝飾技法。有人推測，當時已經有原始的砣具了。此外良渚文化時期還採用了許多新的工藝，如組裝件、穿綴件和鑲嵌件等。鑲嵌件是良渚文化的一大創舉，開創了中國鑲嵌技術的先河。

 272 良渚文化玉器的主要種類有哪些？

良渚文化的玉器種類有璧、琮、鉞、斧、鉞冠飾、鉞端飾、杖首、冠狀飾、三叉形飾、半圓形冠飾、椎形飾、柱狀飾、鐲、璜、瑗、錐、笄、臂飾、獸面飾、靴形器、帶鈎、紡輪、蟬、鳥、龜、管、珠、墜以及各種形式的小玉片等幾十個品種。其中以大型的玉琮、玉璧、玉鉞、冠狀飾等禮器最為引人注目。

 273 良渚文化玉器中的玉錐形器和三叉形器各有什麼特點？

玉錐形器是良渚文化最常見也是最有特點的玉器，器身修長，體形有方錐形和圓錐形兩種，橫斷面呈方或圓形，並飾有簡單的神人獸面紋。玉錐形器的一端收縮成一短榫頭狀，上有小孔，也有無鑽的；另一端逐漸收斂成尖錐形。

三叉形器，目前僅在浙江餘姚的反山、瑤山有發掘，因器物上有三個並列的叉子而得名，曾被稱作山形器。出土的三叉形器大部分在死者頭部發現，因此，推測可能是某種頭飾。

274 良渚文化玉琮有何特點？

良渚文化的玉琮的基本形制為內圓外方，器表分節，並且良渚文化所有玉琮都刻有簡繁不一的神人獸面紋，常見的有高型琮、二節琮和琮形器三種。

高型琮是玉琮的新形式，整體呈方柱形。一般來說，八節以上的高型琮呈上細下粗的樣式。器表有的飾有簡單的人面紋，有些高型琮的上口處刻有陰線符號。八節以下的高型

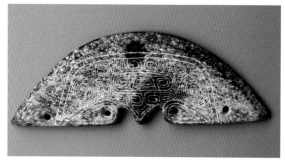

良渚文化玉璜

良渚文化玉琮

良渚文化圓形玉璧

琮種類多有變化，其橫截面或呈方形或呈圓角方形。

　　良渚文化的玉琮中最精美的應該屬於反山 M12 墓的一件玉琮，有學者稱之為玉琮王。此玉琮高 88 公分，射徑 17.1 公分～17.6 公分，孔徑 4.9 公分，重達 6500 克。玉琮中有圓管形小孔，在等分的四角做出三角狀飾，最上層和第三層為巫面紋，第二層和第四層為獸面紋。在玉琮直槽的上下部位，各雕刻兩組完全一致的巫騎獸紋，四角共八組，四個中間飾也是八組，因此共有十六組巫騎獸紋。

275 良渚文化玉鉞有何特點？

　　良渚文化玉器中的玉鉞，器形較大，一端為刃狀，另一端呈不規則的齒狀，用來插入木柄。有的鉞上還帶有神人獸面紋飾。

　　反山遺址 M12 出土了一件玉鉞，為目前唯一發現的雕琢有神人獸面紋圖案的玉鉞，有學者稱其為玉鉞王。此玉鉞近方形，形如「風」字，圓弧刃，雕琢有巫騎獸紋，器柄嵌有玉片。

276 良渚文化神徽有何特點？

　　在良渚玉琮王上的巫騎獸紋，是迄今為止發現的良渚文化中最完整最具象化的神人獸

面紋圖案，應為巫以玉事神時的一種典型形象。即巫戴頭（儺面），文身，騎著由小巫覡扮演的獸來事神，因而稱之為良渚神徽，神人獸面、神徽的有機結合，正是當時政教合一、等級分化的真實反映。

277 何為齊家文化玉器？

齊家文化距今3500年左右，相當於商代早期。但由於地處偏遠，當中原地區已經進入青銅器時代時，黃河上游一帶還停留在新石器時代。齊家文化最負盛名的玉器為甘肅武威皇娘娘台遺址所出，從其出土的文物中可以看到，當時玉器的琢磨技術已較高，選料也較精良，說明這裡已經盛行葬玉習俗。

還有一個有趣的現象：那些沒有能力隨葬玉器的人家，常在墓中放幾片粗玉片、粗玉石塊或小玉石子，可見玉在齊家文化居民的心目中已經有了重要的位置。

278 齊家文化代表玉器品種是什麼？

齊家文化玉器的代表品種：

（1）工具類玉器，有玉斧、玉鏟、玉錛等；

（2）玉神器，有玉神人、玉琮等；

（3）兵器類玉器，有玉刀、玉戈、玉矛、玉鉞等；

（4）裝飾類玉器，有玉璜、玉璧、玉珠、玉管、玉墜等等。

齊家文化出土的玉器品種多樣，也各有特色，如玉鏟，呈梯形扁薄造型，製作規矩，鋒刃銳利，並且通體磨光。靠背部處穿一孔，以便配置鏟柄之用；玉錛，呈長方造型，鋒

齊家文化人面紋玉琮

齊家文化漁夫紋玉璧

刃銳利,打磨異常精緻;玉璜呈扇面形,兩端有孔,便於繫掛;玉璧,齊家文化的玉璧形制較為特別,有圓形、橢圓形和方形三種;玉珠多呈長條或扁圓形態,中間有孔,便於穿綴懸掛。

279 何為大溪文化玉器?

四川巫山大溪文化遺址位於巫山瞿塘峽南岸,大溪文化的範圍西達川東、東臨漢水、南至湘北、北抵荊州。年代為西元前4400～西元前2700年,延續了1700餘年。大溪文化出土的玉器可分為三類:耳飾類,出土塊形、梯形、方形、圓形等各種耳飾多件;臂飾類,即玉鐲;項飾類,有小型的玉璜、玉璧、玉墜等飾物。

280 凌家灘文化玉器品種有哪些?

含山凌家灘文化古玉遺址位於安徽東部,這是長江中下游地區出土新石器時代玉器的一處重要遺址。主要品種有玉鐲、玉璧、玉鉞、玉環、玉璜、玉管、玉笄、扣形玉飾、紐形玉飾、菌狀玉飾、刻紋玉飾、半橢圓形玉片、長方形玉片、三角形玉片、玉勺、玉龜、玉人、玉斧形器等。

281 含山玉人有何特點?

該玉人「國」字臉形,濃眉長眼,闊嘴短鬚,耳有穿孔,頭戴扁冠,雙腕飾紋似玉環之狀,中部有斜紋作腰帶之形,雙手上舉,平行撫於胸部,神態凝然,似作虔誠之態。這一形象生動地反映了這一地區原始居民的衣著特點和精神風貌。玉人高近10公分,背部有兩個隧孔,可作穿綴吊掛之用。含山玉人為迄今所見新石器時代最完整的直立玉人。

含山凌家灘文化玉人

282 含山凌家灘文化玉器中的「圖書玉片」有何特點?

在編號為M4的墓中,出土了一套玉龜,由玉製的腹甲和背甲組合而成。出土時腹甲朝上,背甲朝下,呈倒置狀態。在這兩枚玉甲中間夾著一枚長11.2公分、寬8.2公分的牙黃色玉片。玉片呈長方形,外表鼓凸,兩面磨光。兩短邊和一長邊琢成凹形邊緣,短凹邊

上各鑽五孔，長凹邊上獨鑽九孔，另一長邊的兩角又各鑽兩孔。玉片中心的刻紋為兩圓相套，小圓內接方心八角形，大圓內分八等份，每份各刻一箭頭向外，圓外又刻四個箭頭向著四角方向。有關專家指出，內圓方心八角圖案代表的是太陽，外圓代表的是宇宙和天球。八個箭頭既是表現太陽的光芒，又代表了八個季節的變化，四角箭頭是代表八卦中之四象。玉片上所刻圖形就是原始八卦的圖樣，玉片四邊上4、5、9、5的孔數與洛書內容相合，所以名之為「圖書玉片」。

283 玉在石家河人心目中的地位如何？

石家河文化距今4000～4600年，因發現於湖北省天門市石河鎮而得名。石家河文化晚期遺址出土的眾多玉器，是長江中游新石器時代玉器的一個重要代表。

石家河文化晚期墓葬的總體特點是以玉為主，或曰以玉殮葬。從肖家屋脊遺址發掘出的109座墓葬觀察，屬晚期者77座，其中有隨葬品的甕棺16座，這當中除M6有一個陶杯外，所有隨葬之物全部都是玉器，而沒有其他任何生活用具，有的墓雖無玉器，卻放入了1—3枚殘玉或碎片。石家河人的祖先寧願在墓中放入玉石碎片，也不放入其他生活用品。這些玉器的造型非常優美，加工技術比較成熟，巫靈觀念比較突出，玉崇拜的心理比較強烈，顯示玉文化已較發達。

284 石家河文化玉器的代表品種有哪些？

石家河文化玉器大致可以分三類：一是工具類，指玉紡輪和玉製錛、刀；二是裝飾類，指珠、管、墜、璜、笄等物；三是人頭像和諸種動物頭像，我們也可將這類玉器視為

石家河文化玉人頭

石家河文化玉人頭

神靈崇拜玉器的範疇。

石家河文化晚期出土了100多件玉器，器形都很小，除笄係固髮專用，最長者也不過6.5公分而已，其他所有玉器長度都在1公分至5公分之間。這些玉器大多有榫孔，或背面有凹槽，作固定之用，可穿繩、可插嵌、可膠黏，可固定在衣物上或吊掛在人身上，說明石家河人使用這些玉器是透過裝飾來表現崇拜心理。

285 卑南文化玉器有何特點？

卑南文化遺址位於臺灣東部卑南山區，屬台東市，距今三四千年，是一個新石器時代的部落遺址，出土玉器達1000多件。

該遺址安葬方式是以石板為棺，埋於住屋室內地下，這種習俗十分罕見。從玉材來看，大多使用花蓮玉、蛇紋石類玉，多為臺灣當地所出。卑南玉器遺存中最具特色的品種當屬玉環，從形制上來看，有塊形、橢圓四突形、外方內圓四突形、長方形、「几」字形等，這當中除圓形外其他造型非常少見。更有「人獸形」和「多環人獸形」耳環，造型抽象，十分奇特，應是古代神靈意識的一種物質體現，不能單純地看作一種裝飾。

從整個面上來看，在幾乎所有的墓中，隨葬玉器的數量相差都不是很大。卑南文化遺址中發現有大形貝類工藝材料硨磲，並且和玉石出同一墓室。

286 卑南文化玉器的代表品種有哪些？

卑南文化遺址出土的古玉有三類：一是裝飾類，其中著名的文物有菱形玉珠穿綴的頭飾，大量的各種各樣的玉製耳環，玉製珠、管、棒串聯的項鍊、掛墜，環形或喇叭形的手

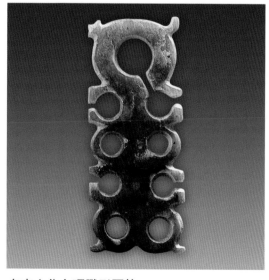

卑南文化多環獸形耳飾

卑南文化玉人獸形耳飾

鐲等；二是工具類，有玉錛、玉鑿及端刃器，往往刃口銳利，使用痕跡清晰；三是兵器類，主要有玉矛和鏃，兩刃對稱、鋒利，中脊堅挺，形態優美。

287 北陰陽營文化玉器的材料有哪些？

北陰陽營文化遺址地處南京市內，是新石器時代的一個氏族公共墓地。該遺址早在抗日戰爭以前即被發現，新中國成立後先後經過4次發掘，發現玉器近300件，且器形規整，玉材多為瑪瑙，亦有透閃石、陽起石及蛇紋石等。

北陰陽營文化遺址中有兩個值得注意的有趣現象：一是以天然雨花石作為玉，擺放於人口中，這是國內獨一無二的現象。雨花石形紋俱佳、天生麗質，屬瑪瑙類，玉器行業中稱之為雨花瑪瑙；二是有一個屈肢人骨懷抱著一個彩色陶罐，罐內放著九件玉器和瑪瑙器。

288 北陰陽營文化玉器的主要品種有哪些？

北陰陽營文化玉器品種有玉鉞、玉璜、玉珠、玉管、玉墜。在墓穴中，玉環多出於人骨之耳際，是為耳飾；玉璜多呈半環形，置於人的頸部，當為頸飾；玉管呈柱形，多出於人的胸部和腰部，作為人身的裝飾。

289 三星堆文化遺址出土有玉器嗎？

自1929年三星堆遺址在四川廣漢被世人發現以後，至今已出土各種玉器，數以千計。

三星堆乃古巴蜀王國遺址，其時間跨度相當於中原的龍山文化至夏、商、周三代時期。三星堆玉器一方面具有濃郁的地方特色，特別是工具類的刀、斧、錛、鑿、鋤、斤、錐、匕以及磨玉石、舌形器等，藝術造型傳統、粗獷，琢磨拋光後細緻精密，古蜀文化特有的山岳、鳥類、凹字、人物紋樣表現得非常鮮明突出；另一方面又有著明晰的中原文化風貌，特別是禮器類的璧、琮、圭、璋、瑗、環以及兵器類的戈、矛、劍、鉞等，既有著與商代玉器一樣的陰線刻紋等裝飾手法，又有著西周典章嚴格規定的禮制造型。

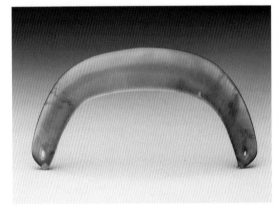

北陰陽營文化瑪瑙璜

三星堆文化縱目式玉神人

三星堆文化玉琮

290 如何認識河姆渡文化玉器？

河姆渡文化早於馬家濱文化和崧澤文化，相當於黃河流域的仰紹文化時期。其遺址是中國發現最早的新石器時代遺址之一，占地面積40000平方公尺，距今6900年左右，位於浙江省餘姚市和寧波市之間，最初發現於1973

河姆渡文化玉玦

年夏，出土玉石器達數千件，並且有屬於純玉類的玉環、玉鉞、玉管、玉珠四大品種。

河姆渡文化玉器遺存亦如仰紹文化，尚處於早期裝飾品階段，具體特點表現為：一是玉、石混用，同樣造型的裝飾品，有玉質的，又有石質的；二是製作粗糙，器形不甚規整；三是品種單調，除裝飾用玉外，尚未出現其他類別的玉器。

291 潛山薛家崗文化墓葬有何特色？

安徽潛山薛家崗文化遺址，至今已有五六千年歷史，位於潛山縣城南7.5公里處的河鎮鄉利華村與水崗村交界處。1979～1980年曾先後進行過3次發掘。玉製品多出於薛家崗新石器時代遺址之第三期當中，該期共發掘墓葬80座，計有玉鏟11件、玉環18件、玉璜18件、玉管85件、玉琮2件、玉飾33件、無名玉器1件。在這批墓中，隨葬品最少的只有2件玉器，最多的有46件，其中玉製品達30件。

292 潛山薛家崗文化玉器有何特點？

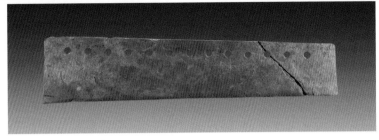

潛山薛家崗文化遺址
在葬俗及其他文化特點方
面與南京北陰陽營文化、
上海青浦崧澤文化有許多
相似之處。當時佩戴玉器
風氣盛行，琢玉技術已經
成熟，以玉裝飾、隨葬已

潛山薛家崗文化玉刀

成習俗，玉崇拜意識已較突出。薛家崗文化遺址出土的有些玉刀、玉鏟還在鑽孔周圍繪有
紅色的花果圖案，既實用，又作禮儀之具，這在新石器時代是不多見的。而玉製禮器僅有
兩件玉琮，高僅2公分，孔徑只有1.6公分，這些可能只作為裝飾之用。

 293 如何認識仰紹文化玉器？

仰紹文化最早發現於河南澠池仰韶村，其分佈範圍以河南、山西、陝西為中心，西到
甘肅，東到河北，北到內蒙古，南到湖北等省、自治區的部分地區。

仰紹文化出土的玉器表現了玉文化早期的特點，多以小型裝飾件為主。如1957年在
河南偃師湯泉溝仰紹文化遺址中出土青白色玉璜一件；1972年在臨潼姜寨少女墓中出土
兩件綠色的玉墜；20世紀80年代湖北均縣朱家台仰紹文化遺址亦發掘出綠色的玉墜等
等。這些小形裝飾玉器有著相同的特點：器身平薄，造型完整，打磨光滑，穿孔吊掛。

及至仰紹文化晚期，在西安半坡遺址中發現了用和田玉製作的玉斧，在河南南陽黃山
仰紹文化遺址中發現了墨綠色的獨山玉斧。這就證明早在六七千年以前，中原地區就已經
應用新疆軟玉。

夏商西周玉器

 294 如何認識夏代玉器？

夏代玉器發現很少，並且至今尚未發現其代表性的玉器；但是夏朝作為中國歷史上的
第一個奴隸制國家，是中華大地上的古老人類跨入文明的門檻的象徵。因此，夏代玉器在
歷史交替時期的承上啟下的價值是不容忽視的，可以說夏代玉器既是對新石器時代玉器的
歷史總結，又為商代玉器的發展奠定了基礎，是中原玉器的開創階段。

夏代玉器的主要材質為獨山玉，包括白獨山玉和青獨山玉兩種。另外，夏代還用綠松石等製作玉器。

295 夏代玉器有何特點？

夏代玉器雖然發現很少，但也有其特定的時代特點，主要表現為在禮儀玉器中玉兵器占了重要地位。這可能與夏代是經過激烈的戰爭後才得以建立的歷史特點有關。比如二里頭遺址中出土的玉戈，這時期的玉戈雖然保持了龍山文化玉戈的一些造型特點，但是它的器形要比龍山文化時的玉戈大得多，有的玉戈長達43公分，器形之大，實屬空前。

296 夏代玉器在工藝上有何特點？

夏代玉器一般比較規整，器表比較光滑，其工藝特點主要有四點：一是扉牙特點。在夏玉的刀、鉞、璋、圭等玉器器身的兩側都有對稱的鋸齒形小牙，亦稱之為「扉棱」，一般每側六脊；二是陰刻線紋，平直細密，或相互平行，或交叉成組格紋樣，這是夏代玉器的獨特線紋特點；三是淺浮雕的應用；四是鑲嵌工藝的應用完全成熟，如二里頭文化遺址出土的鑲嵌綠松石銅牌飾。

夏代玉器的紋飾主要有直線紋、斜格紋、雲雷紋和獸面紋等。雲雷紋見於玉圭。獸面紋有橄欖形眼眶，圓眼珠，寬鼻翼，閉口。

297 夏代玉鉞有何特點？

夏代玉鉞有兩種形式：一種呈長方形或梯形，兩側邊緣有齒狀扉棱，刃略作弧形，中

夏代玉璇璣

夏代玉戚

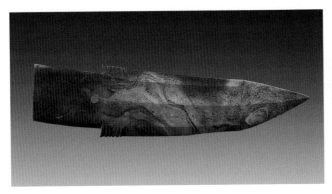

夏代玉戈

夏代玉圭

上部鑽兩圓孔，近似於龍山文化玉鉞的形制；另一種整體接近圓形，頂端較圓，兩側較直，弧刃分成連續四段，每段為雙面直刃，中間鑽一大孔，這是夏代玉鉞的創新形制。

 夏代玉戈有何特點？

夏代玉戈大多數直內，援部窄長。有兩種常見形式：一種為雙刃玉戈，尖鋒，援與內相連處有斜線紋，無中脊，內上一孔；一種為尖鋒，鋒前端略起一段中脊，內部窄短，穿一孔。

299 二里頭文化玉器主要分佈在哪裡？

二里頭遺址位於河南偃師二里頭村，於1959年發現，距今3500～3800年，屬中國夏朝文化的重要遺址。因此二里頭文化出土的玉器就是夏代玉器的代表性形態。

二里頭文化遺址主要有河南登封玉村、偃師二里頭、鄭州洛達廟、洛陽東幹溝、臨汝煤山，山西夏縣東下馮，陝西七里鋪等。

 二里頭文化玉器主要有哪些種類？

二里頭出土的玉器的品種大致可分為四類：一是禮玉類，有玉琮、玉璜、玉戚璧、玉圭、玉璋等；二是玉兵器類，有玉刀、玉鉞、玉戈等；三是飾玉類，有玉管、玉珠串、瓶形飾、尖狀飾、瓶塞形飾、方形玉、月牙形玉、綠松石飾（珠、片）等；四是嵌玉類或配件，有嵌綠松石的青銅容器、綠松石饕餮眼及玉鈴舌等。

二里頭玉戈

二里頭文化七孔玉刀

二里頭文化嵌綠松石獸面紋青銅飾牌

301　二里頭文化出土的七孔玉刀有何特點？

　　二里頭文化玉器的基本造型為幾何形，並以直方形為主，如玉斧、玉圭、玉刀等。二里頭文化玉器大多光素無紋，所飾紋飾一般不在主要部位，而在邊緣。

　　二里頭文化遺址出土的玉刀，又稱為七孔玉刀。長65公分，墨綠色，局部有黃色沁，器體呈扁平狀，為肩窄刃寬的寬長梯形，兩側有對稱的凸齒，近肩處有等距且排成一直線的7個圓穿孔。玉刀兩面飾紋相似，皆以交叉的直線陰紋組成網狀和幾何紋圖。此器保存完好，且有迄今所見最精美的飾紋，堪稱絕品。

302　二里頭文化出土的嵌綠松石獸面紋青銅飾牌有何特點？

　　嵌綠松石獸面紋青銅飾牌，1981年出土。長14.2公分、寬9.8公分，器體呈長圓形，中間弧狀束腰兩端各有兩個穿孔鈕，凸面由許多不同形狀的綠松石片嵌成獸面圖案。此件出土時位於墓主人的胸部，由此估計是佩飾。

303　商代玉器總體特徵是什麼？

　　商代早期玉器出土和傳世較少，目前所見的商代玉器，絕大多數是商代晚期的，即盤庚遷殷後的270多年，因此這時期玉器的出土地點主要在河南安陽殷墟。

　　據不完全統計，殷墟出土商代晚期玉器有1200件以上。但是由於殷墟的11座大墓均被盜，因此這裡很少發現完整玉器。

商代鳥形玉佩

商代晚期雷紋玉簋

商代白玉出凸緣璧

304 商代玉器的造型特徵是什麼？

商代玉器的造型有幾何形、圓雕人物形、動物形等，幾何形又有圓曲形和直方形。器形上以小型片雕玉器為主，形體大小多為5公分至10公分，一般作裝飾品。而大型片雕玉器多為禮儀玉器，如玉戈、玉刀等。商代玉器除了少數玉兵器等禮儀玉器沒有紋飾外，其餘玉器都有非常華麗的紋飾，龍紋、鳥紋等動物紋得到了空前發展，幾何紋如直線紋、折線紋、弧線紋等多用擠壓法琢出。

在玉鳥、玉鉞、璇璣等玉器上出現了「凹」形凸齒裝飾，這是商代玉器獨有的裝飾。

305 商代玉器主要分為哪幾類？

商代玉器大致可分為三類：禮儀玉器，包括璧、琮、圭、戈、環、柄形器、牙璋等；裝飾玉器，包括環、玦、璜、管、珠、鐲、墜飾、串飾、扳指、笄、玉人、鳳冠玉人等，其造型以動物形為多，如虎、象、熊、鹿、馬、牛、羊、狗、鶴、鷹、鸚鵡、雁、鴿、燕、鵝、鴨、鸕鷀、魚、龜、蛙、蟬、蠶、龍、鳳、獸面、饕餮、龍鳳合體等；生活用具玉器，這是商代的玉器首次出現的一種玉器品種，如殷墟婦好墓出土有商代玉簋等。

306 商代玉器紋飾有何特點？

同新石器時代相比較，商代玉器的紋飾也有了很大發展，在玉鳥、玉鉞、璇璣等器物上出現了「凹」形凸齒裝飾。這是商代玉器獨有的裝飾，也是識別玉器時代的標誌。商代玉器的紋樣多為直線紋、折線紋、弧線紋、重環紋、獸紋等等。商代玉器上的獸紋較多，有的源於龍，有的源於牛、羊，還有的源於未知的動物。獸角、獸眼及獸面上的裝

飾紋都有明顯特點。

307 商代玉器的玉材有何特點？

商代玉器使用的玉材非常豐富，有岫玉、獨山
玉、綠松石、瑪瑙、孔雀石、水晶等，尤其是新疆
和田玉開始使用。此時的新疆和田玉大部分屬青
玉，白玉較少，青白玉、黃玉、墨玉、糖玉更少。

商代玉璇璣

308 商代玉器的工藝特點是什麼？

根據文獻和實物資料可知，商代的玉雕工藝在當時高度發達的青銅鑄造業的基礎上改
進了生產工具，如原始的青銅砣具、質地堅硬的石英砂等廣泛用於玉器製作當中。同時商
代玉器的製作工藝的各個環節也比較完善，商代玉器上對鑽的穿孔不見「台痕」，可見當
時鑽孔技藝的嫺熟。商代還出現了最早的俏色玉器。商代玉器的鑲嵌工藝直接繼承夏代並
有所發展，或在玉器上鑲綠松石，或在青銅器上嵌玉等等。

309 商代禮儀玉器有何特點？

商代是中國奴隸社會的大發展時期，也是古代玉器發展的高峰時期之一，因此，這時
期隨著禮法制度的完善而形成了一套完備的禮儀玉器及用玉制度。

其使用的禮儀玉器有璧、琮、圭、戈、環、柄形器、牙璋、矛、鉞、戚和刀等。其中
以璧、圭為大宗，其特點鮮明，碾琢細緻，器形也較優美。

310 商代玉璧有何特點？

商代前期的玉璧器形厚重，光素無紋，有的璧面平齊，有的邊緣稍薄呈弧刃狀。後期
玉璧形體變大，厚度變薄，多數仍光素無紋，有的孔的周圍有一周凸起的棱，個別有同心
圓紋飾。

311 商代玉琮有何特點？

玉琮在商代數量並不多，同新石器時代相比，商代的禮儀用玉琮有明顯的衰退趨勢，

而一些用於裝飾或把玩的玉琮卻明顯增加。

商代玉琮可分為主柱琮（此琮兩端貫一通孔，端部四角進行切削，呈近似八方形的圓口，外表光素無紋飾）、筒式琮（此琮主體部位近似圓筒，外周琢有裝飾）、鐲式琮（此琮器孔較大而高度很小，似鐲，外表飾凸起的裝飾）。

312 商代玉圭有何特點？

商早期的玉圭在龍山文化玉圭的樣式上增加了繩索類紋飾。到了商代中晚期，圭的端部和紋飾等多有變化。

313 商代玉戈有何特點？

商代玉戈主要有三種類型：第一類玉戈寬援（刃部稱為援），窄內，內部比援部窄許多；第二類玉戈援與內等寬；第三類援與內之間有裝飾的凸齒。從形狀上看，第二類玉戈近似周代的圭，因此可以說商代的這種玉戈可能是後代尖頂玉圭的雛型。

314 商代牙璋有何特點？

商代早期的牙璋以張嘴獸頭為欄，齒牙增多，一般鑲有綠松石。商代中期牙璋的張嘴獸頭逐漸簡化，密集的平行弦紋組成齒牙並貫穿扉牙部及其附近。商代晚期，牙璋衰變，此後逐漸消失。

315 商代玉刀有何特點？

商代玉刀可分為邊刃和端刃兩種。端刃刀的柄端雕成各種動物形象，如鳥、魚、壁虎和夔龍等。這種小玉刀往往在柄端鑽一小孔，便於佩戴。

商代早期牙璋

316 商代柄形器有何特點？

商代的柄形器呈長方形片狀或方柱狀。器身一端較寬，兩側有凹弧，似器柄；另一端略窄並帶有凸榫。有些柄形器上有穿孔，便於繫繩攜帶。

317　商代鳥形玉雕有哪些？

　　《詩經·商頌·玄鳥》云：「天命玄鳥，降而生商。」這句詩講述了商人的起源，傳說商的祖先名叫契，契的母親簡狄是另一支部落的有娀氏之女，吞食了玄鳥蛋後懷孕，生下了契。因此商代就把「玄鳥」當作崇拜的生靈，故而在商代玉器中鳥形玉雕相當多，而且種類相當繁雜，有展翅飛翔的鷹、曲頸而思的鵝、短尾矯健的燕等等，都與這種圖騰崇拜有關。商代玉鳥中最精美的有高冠玉鳥、獸首鳥身佩、鳥首人身佩等等。

商代鳥首人身玉佩

318　殷墟婦好墓出土的玉器有哪些？

　　殷墟婦好墓位於河南安陽西郊小屯村北，1976年發掘，是唯一能與甲骨文相印證而確定年代與墓主身份的商王室成員墓。該墓南北長5.6公尺，東西寬4公尺，深7.5公尺。

　　婦好據說是商王武丁60多位妻子中的一位，即祖庚、祖甲的母輩「母辛」，是中國最早的女軍事家。其墓共出土了755件玉器，這是迄今商代玉器最重大的一次發現。

　　這些玉器中除了一些傳統的禮儀玉器，如玉琮、玉圭、玉璧、玉璜、玉戈、玉矛、玉戚、玉刀、玉工具等外，還出現了一些新器形，如玉簋、玉紡輪、玉梳、玉耳勺等等，紋飾也非常豐富繁多，其中有些器形尚屬罕見。

319　婦好墓出土的跪坐玉人有何特點？

　　這件跪坐玉人通高7公分，跪坐姿，頭戴圓箍形帽，前連結一筒飾，身穿交領長袍，下緣至足踝，雙手撫膝，腰繫寬頻，兩肩飾「臣」字目的動物紋，右腿飾S形蛇紋，面龐狹長，細眉大眼，「臣」字形雙眼前視，寬鼻小口，小耳。

　　玉人腰左側插一帶柄器，下端彎曲，上端作捲雲形，柄一面飾節狀紋和雲紋，與衣紋不連，不知何解。

商代婦好墓出土的跪坐玉人

商代婦好墓出土玉陰陽人　　　　　　　　　　　　　　　　　商代婦好墓出土的玉鳳

320 婦好墓出土的玉陰陽人有何特點？

　　這件玉陰陽人是殷墟婦好墓出土的玉器中最獨特的一件，通高12.5公分，厚1公分，一面為男性，另一面為女性。男女均裸體，作站立狀，雙手皆放於腹部，足下有榫，可能這件玉人常被插嵌於一處膜拜。陰陽文化是中華文化的一部分，影響深遠，婦好墓的陰陽玉人應是這種文化現象的反映。

321 婦好墓出土的玉鳳有何特點？

　　玉鳳是商代晚期玉器的新創形式之一，殷墟婦好墓出土的玉鳳，通高13.6公分，厚0.7公分，高冠鈎喙，短翅長尾，身前有透穿鏤孔，背部有外凸的穿孔圓鈕，便於穿繩懸掛。

322 婦好墓出土的玉龍有何特點？

　　這件出土於殷墟婦好墓的玉龍，長8.1公分，高5.6公分，昂首張口露齒，「臣」字形眼，背脊呈鋸齒狀，尾內捲，兩足前伸，各有四爪。此玉龍繼承了紅山文化的玉龍的特點，但又有變化，形體更趨於完善。

商代婦好墓出土的玉簋

西周鳥紋玉璜

323 殷墟婦好墓出土的玉簋有何特點？

婦好墓有兩件玉簋出土，一件用白玉製成，上有黃斑。侈口圓唇，腹部微鼓，圈足，口沿下飾三角形紋，腹部飾三組饕餮紋，饕餮闊鼻，「臣」字形眼，上、下夾以弦紋，腹部以下飾菱形紋，圈足飾雲紋及目紋。另一件綠色，直口平沿，方唇，微鼓腹，圈足，腹部有四道豎直扉棱，口沿下飾兩周凸弦紋，腹部飾水波形雷紋，圈足上飾雲紋和目紋。

324 如何認識西周玉器？

西周從西元前1046年周武王滅商起至西元前771年周幽王被申侯和犬戎所殺為止，大約經歷275年。西周是中國奴隸社會發展到頂峰的一個朝代，也是一個禮制化的朝代，西周的禮制曾被孔子作為典範來歌頌。因此這時期的玉器受政治和禮制的影響而趨向於「道德化」、「宗教化」、「政治化」，並設立了管玉機構，實行分封制的用玉制度。

西周玉器以片形為主，圓雕很少。造型有幾何形、動物形、人物形等，還出現了複雜的大型組佩。

325 西周玉器主要分為哪幾類？

西周玉器大致可分為禮儀玉器和裝飾玉器兩大類。禮儀玉器包括璧、琮、璜、戈、斧、錛、鑿等；裝飾品玉器包括串飾、配飾以及大型結構複雜的組佩，而動物玉佩、玉飾有牛、鹿、虎、兔、熊、馬、羊、魚、鴿、鳥、鷹、蠶、龜、蟬、貝、龍、鳳、龍鳳合體、獸面和饕餮等。西周玉器由於受當時嚴格的宗教禮制的影響，在種類、造型上等都沒有超過商代。

326 西周玉器紋飾有何特點？

西周玉器的紋飾有了很大的進步，以寫實的紋飾為主，有鳥紋、龍紋、獸紋、鹿紋、兔紋、象紋、魚紋、蟬紋等等。而裝飾性的紋飾，如雲紋、雷紋，一般不受器形局限，可隨意為之。

327 西周玉器的工藝特點是什麼？

西周時期玉器所用的玉材十分複雜。玉琮及玉戈等用玉近似獨山玉；玉佩多為和田玉，又以青玉為多，也有白玉作品；還有一些小玉件是由細石製成的。另外還有瑪瑙、綠松石、水晶、岫玉、滑石、煤玉等。

西周玉器日趨美觀，其紋飾的佈局漸趨合理，線條漸趨繁複，以略帶弧形的線條為主，較多地使用長弧線，與商代相比，彎線條增多。並且西周玉器在繼承殷商玉器雙線勾勒技藝的同時，獨創一面坡斜砣線或細砣線的琢玉技藝，這是西周玉器的典型做工。

但從總體上看，西周玉器沒有商代玉器活潑多樣，顯得有點呆板，過於規矩。這與西周嚴格的宗法、禮俗制度有直接的關係。

328 西周虢國墓出土有玉器嗎？

西周虢國墓位於三門峽市區北面的上村嶺，是周代諸侯虢國國君及貴族墓地，整個墓區面積達4萬平方公尺，共發掘出各類貴族墓234座，車馬坑60多座，出土玉器達3000多件。其出土玉器之多，工藝之精，玉質之好，在周代考古中實屬罕見，被譽為中國先秦時

西周青玉鏤雕鳥紋嵌螭

西周玉鳥紋琮

期的藝術珍品。如在 2001 號墓出土的一把銅柄鐵劍的劍柄上發現鑲有綠松石，這是迄今發現的最早的玉劍飾。

 329 虢國墓出土的綴玉面罩有何特點？

　　這件綴玉面罩於 1990 年在西周虢國墓出土，最大徑 10.7 公分，青玉質，由前額、眉毛、眼、耳、鼻、嘴、腮、下頦、髭鬚等大小十三塊各形玉片組成，各部位的特點明顯，玉片上均有細小穿孔，推想原來曾在玉片之下襯以絲織物，加以綴聯。此面罩是迄今所見最早的一例。

330 西周玉璜有何特點？

虢國墓出土銅柄鐵劍

　　《周禮》中有「以玄璜禮北方」的記載，玉璜是西周時期最為常見的一種禮玉，同時也是一種佩飾。其形制一般為圓周的 1/3，有個別 1/2 的，兩端穿孔。按裝飾情況來看，一般分為素面璜和紋飾璜兩大類，其中有紋飾的玉璜數量較多。其上緣通常有凸起的扉棱，兩端有穿孔。紋飾主要有夔龍紋、鳳鳥紋等，鳳鳥長頸、鈎喙，後尾上沖，作回首狀。另有魚形璜、獸形璜、人面紋璜、雙龍形璜等。

331 西周玉組佩有何特點？

　　西周時期的玉組佩以玉璜為主件，配伍關係複雜，似無定制，玉件品種多樣化，組玉串層次及長度均有所增加，最長者可過膝。

西周青玉虎紋璜

西周七璜聯珠玉組佩

332 西周玉鹿有何特點？

西周時期的玉鹿多為浮雕，也有少量圓雕作品，並且有雌雄大小之分。墓葬中出土的玉鹿一般放置於墓主的胸部、腹部。

333 西周玉魚有何特點？

玉魚是西周最常見的動物形玉雕，幾乎所有西周墓葬中都有出土。西周玉魚均為片狀，魚身或直或弧，圓目張口，一般背上有一大鰭，腹下有兩小鰭，尾分叉，口部穿孔，也有的在背部穿孔。

334 西周玉蠶有何特點？

西周玉蠶一般用於玉串飾和玉組佩之中，多為圓雕，蠶體多作鉤形或弧形，首尾分節，5節至10節不等，以6節者最為常見。

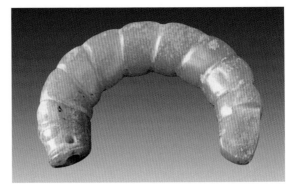

西周玉蠶

335 西周動物形玉雕的眼形有何特點？

西周動物形玉雕的眼形一部分在商代後期動物形玉雕的眼形的基礎上發展而來，如矩形眼、菱形眼等稱為「臣」字眼。一部分為西周時期新出現的眼形，如杏核眼、葉形眼、紋絲眼、束絲眼、橢圓眼、橄欖眼等。其中杏核眼為西周時期玉雕動物的主要眼形，因而有人將之作為鑒定西周玉器的重要標誌之一。

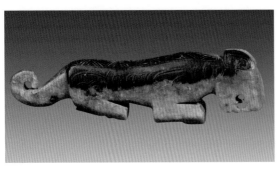

西周玉虎

336 西周玉串飾有何特點？

西周時期玉串飾的主要部件是各種材質的管、珠，有些配置很小的玉璜、玉戈、玉人及其他動物形玉雕，多作頸飾用，個別用作腕飾。

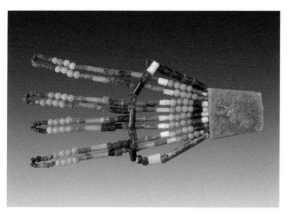

西周玉組佩

337 西周玉人有何特點？

　　西周的玉人形象一般為人獸複合的造型，並且主要突出人體的形態，如甘肅靈台白草坡西周墓中發現的一件玉人，非常具有代表性。此玉人圓雕，白玉質，寬頰尖頰，盤髮似蛇，飾虎頭，雙耳穿孔，雙手捧腹，作裸體站立狀，足呈鏟形。

春秋、戰國玉器

338 春秋、戰國玉器的總體風格是什麼？

　　春秋、戰國玉器在中國玉器發展史中佔有極為重要的位置。這時期，周室衰微，各諸侯都大力製造青銅器、玉器，為其「挾天子以令諸侯」的僭越活動作禮儀上的準備，因此這時期除東周王室玉器之外，還有春秋的鄭、晉、齊、吳等以及戰國的韓、魏、趙、魯、楚、秦等諸侯國玉器，其數量之大，玉器之精美，遠遠超過了前代，成為中國古代玉器發展史上的一個高峰。

　　這些玉器，或細密婉約，或粗獷豪放。物主生前所用及佩戴玉器大多精緻無比，令後人無法企及，這與使用銅鐵砣及玉人操作更為熟練有關。統治者對玉器標準要求甚高，故推動玉人碾琢玉器的技藝不斷精進。

339 春秋、戰國時期玉器的玉材有哪些？

　　春秋時期玉器所用玉材以和田玉用量最大，玉質多為青玉，白玉較少。另外，岫玉、獨山玉、密玉和酒泉玉也大量使用，多是各諸侯國就近取材。其他玉石品種還有瑪瑙、綠松石、水晶等。

　　戰國時期，和田玉也是主流玉材，其中多為青玉，有部分白玉，黃玉極少見。此外還有岫玉、密玉、獨山玉、水晶、瑪瑙、綠松石、滑石等，甚至還有光澤美麗的彩石。

春秋、戰國玉琮

340 春秋、戰國的玉器紋飾有何特點？

　　春秋、戰國玉器上的紋飾逐漸增多，有蒲紋、蠶紋、穀紋、蟠螭紋等紋飾，雕刻細密，抽象深奧，給人一種神秘感。

 341 春秋、戰國時期的玉器有何區別？

　　春秋時期和戰國時期所處的歷史時代有相似之處，社會動盪不安，但卻是思想大解放時期。這種歷史文化特點使得這兩個時期的玉器有很多相似之處，通常都是將這兩個時期的玉器結合在一起說。

　　然而，春秋、戰國畢竟又有各自不同的時代特點，所以這兩個時期的玉器在風格特點、工藝、裝飾手法、神韻上又有自己的時代特點。

　　春秋時期，在器形、圖案和做工上仍保留著西周玉器的遺風，較之戰國玉器則顯得平靜呆板、神氣不足，但同時也為戰國玉器的發展打下了牢固的基礎。戰國時期和春秋時期相比，思想更加開放，以人為本的思想逐漸占主導地位，整個社會充滿活力；因而這時期的玉器通體靈透，生機勃勃，顯示出蓬勃向上的豪邁氣勢。

 342 春秋、戰國時期玉器有哪些器形？

　　春秋、戰國時期玉器的器形有玉璧、玉圭、玉琮、玉璋、玉琥、玉璜、玉瑁、玉笏、玉簋、玉觶、玉觴、玉環、玉瑗、玉鉞、玉戈、玉刀，還有玉製的長形器、龜形器、圓形器、角形器、組合祭器等。

春秋晚期玉璜

春秋玉刀

 343 春秋、戰國禮儀玉器有何特點？

春秋、戰國時期被稱為「禮崩樂壞」的時期，因而這時期的禮儀玉器沒有了西周嚴格的宗法禮制的束縛，祭天祀地的禮儀玉器數量減少了，而注重藝術造型和美學價值的裝飾玉大為盛行，占了很大的比重。

春秋時期禮儀玉器的品種有璧、琮、圭、戈、璋等。戰國時期的禮儀玉器種類雖然較春秋時期豐富一點，一部分在保持傳統工藝的基礎上，還有所發展，如玉簡冊等；但有些禮儀玉器充當起佩飾的角色，體積較小，甚至成為組佩中的組件，如璧、琮、圭、璋等。

 344 春秋玉器的工藝特點是什麼？

春秋時期，鐵製工具開始出現並迅速傳播開來，從而促使玉雕工具和琢玉工藝有了突飛猛進的發展，春秋時期玉器陰刻、陽刻、粗線、細線、單線、雙線、直線、曲線等等雕刻刻痕清晰乾淨，線條流暢自然，遒勁有力。並且春秋時期玉器的鑽孔大小完全一樣，勻稱光滑，極少見到殘留的製作痕跡。此外，還創新出一種新的工藝方法——掏雕工藝，如江蘇吳縣吳國窖藏玉器中的雙繫拱形飾。「遊絲刻」也是春秋時期出現的一種新的刻線技法，到戰國時期發展成為著名的「遊絲毛雕」。春秋時期還出現了「硬刀刻」的技法，刻痕乾淨俐落，被公認是「漢八刀」的直接源頭。

345 春秋時的玉琮有何特點？

春秋時期的玉琮保留了西周的風格，一般內圓外方，有高有矮，有的素面無紋，有的有簡單紋飾。

春秋玉璧

春秋玉琮

346　春秋時的玉璧有何特點？

春秋時期的玉璧，直徑較小，又很薄，表面磨得很平，飾雙陰線琢出的由獸面紋演化而來的勾連紋，似由許多小的側面獸頭組成。

347　春秋時的玉圭有何特點？

春秋時期的玉圭，一般呈長方條形，頂端有一尖鋒的器物，一些圭的邊緣從兩面磨陡，似有刃，還有的圭磨得平而薄，表面有陰線刻的近似「Ｓ」形的紋飾。這時期的玉圭從形制上看近似商周時期的玉戈，可能是由其演化而來的。

348　春秋時的玉璋有何特點？

春秋時的玉璋，或呈扁平條形，或端刃內作弧形，或首端呈斜角，或上、下端皆微作斜角等等。

349　春秋時的玉人有何特點？

春秋時期玉人現存世的不多，所發現的玉人臉形接近西周風格，但髮式卻有很大的變

春秋玉璧

春秋玉人

化，身上的紋飾也有很大的不同。如河南光山縣春秋早期墓葬中出土的一件人首蛇身玉佩，器體呈扁平體，首尾相接作環形，人首五官清晰，「臣」字形眼，蒜頭鼻，翹嘴鬈髮，蛇身蜷曲，遍體飾蟠虺紋，刻畫相當細緻入微。

350 戰國時期玉器在工藝上有何特點？

戰國玉器一改春秋時期的風格，線條清晰俐落，棱角剛勁明確。鏤雕技法普遍使用，工藝更加精湛，爐火純青，出現了「活鏈環」玉器。戰國時期，鑲嵌技術進一步提高，除普遍使用於劍、帶鈎、車馬器等小件器物上外，在鼎、壺、敦、尊等大型銅禮器上也有應用，使器物顯得更加莊嚴、雅潔、富麗堂皇。由於鐵質工具的應用，春秋時期出現的「遊絲刻」到戰國時期得到昇華而成為「遊絲毛雕」。

351 戰國時的玉璧有何特點？

戰國時期的玉璧，種類較多，紋飾較複雜，有穀紋璧、蒲紋璧、小勾雲紋璧、孔內帶有異獸的璧、輪廓之外飾有鳥紋的璧、雙身龍紋與穀紋相結合的璧等種類。

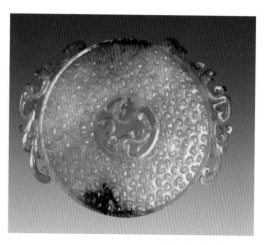

戰國龍鳳紋玉璧

352 戰國時的玉琮有何特點？

戰國時期的玉琮多光素無紋，有些器形變小，成為玉組佩的一種組件。如湖北隨縣擂鼓

戰國雙鳳紋玉璧

戰國玉琮

墩曾侯乙墓出土的一件刻紋玉琮，寬6公分，高5.4公分，四面琢有陰線的獸面紋。它可能已不再是禮器，而只是一般的飾件。

353 戰國時的玉人有何特點？

戰國時期的玉人，一般呈扁平狀，浮雕，小巧玲瓏，多作配飾。這時期還出現了一種新的品種，即玉雕舞蹈人佩，形象有單人和雙人的，較為寫實。如洛陽金村韓墓出土的玉雕舞女佩飾，上部用小玉管排列成T形，下方的玉管之下懸垂一對玉雕舞伎，額髮為半月形，兩鬢捲曲，長裙，寬袖外又套窄袖，斜裙繞襟，腰繫寬頻，尾部垂下，兩舞伎各用左右手上舉互接，翩翩起舞，造型對稱中顯示出活潑優美。

354 戰國玉璜有何特點？

玉璜是在戰國時期主要用作佩飾，多為成組佩玉中的中間部分，璜下另垂掛其他玉件，常見的有穀紋璜、蒲紋璜、雙龍首璜、素璜、鏤雕璜等種類。

355 戰國玉帶鉤有何特點？

戰國時期的玉帶鉤，雖然形式多有變化，但鉤體都作S形。其形式有點像螳螂之腹，鉤短，作龍首或鳥首形，下有圓紐；腹作方形，鉤短作獸首形，下方有方紐；身短鉤長；身長方形，鉤短，紐方形；腹寬有一短鉤，背有紐；體作圓形，細長頸，短鉤，下有圓紐；體作動物形；體作琵琶形。

戰國帶鉤鉤首多為螭首形，也有龍首、獸首

戰國雙聯舞人佩

戰國夔龍連體璜

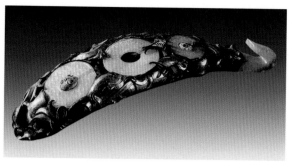

戰國包金嵌玉銀帶鉤

戰國捲雲紋立鳳出廓璧

等。鉤身多為光素，也有的正面裝飾有勾雲紋、
穀紋、弦紋、S形紋等。

 356 戰國時期出廓璧有何特點？

出廓璧是戰國時期的獨特品種，是戰國時期玉璧中的精品。出廓璧做工精緻，雕工細膩，邊緣多有對稱鏤空龍鳳紋，大多作為佩飾，體形較大的也可作為陳設品。漢代繼承了這種形制，但製作得更為精細，又將其稱為「拱璧」。

漢代玉器

 357 漢代玉器的總體風格是什麼？

秦朝是中國第一個封建制統一國家，但只存在了15年，流傳下來的具有明確紀年的文物很少，玉器就更少了，僅有零星出土，並且與戰國玉器區別不大，也未見代表性之作品。因此現代人對秦代玉器的整體風格沒有清晰的認識。

兩漢時期，國力強盛，社會穩定；因此這時期的玉器向世俗化發展，日用玉器、裝飾玉器、喪葬玉器品種增多，加工工藝也日益精湛。這從已發現的漢代墓葬中出土的大量製作精美的玉器中得到了表現，如河北滿城西漢中山靖王劉勝與妻子竇綰的墓中，各出土了一件金縷玉衣，每件玉衣均由兩千多塊玉片用金絲穿綴而成，竇綰墓還出土一具由192塊玉板鑲嵌而成的鑲玉漆棺。此外，還有大量製作精美的玉璧、玉圭、玉佩、玉帶鉤、玉人等，藝術價值極高，是西漢早期玉器的代表。

廣州南越王墓出土的玉器數量眾多，無不精雕細琢，尤其以造型奇特的玉角形杯和具有濃厚戰國餘韻的鏤空龍鳳玉套環最具特色。此外，陝西咸陽西漢帝陵附近出土的玉仙人奔馬、玉辟邪，北京大葆台漢墓出土的風姿綽約的玉舞人等，都是極為罕見的藝術瑰寶。

西漢龍形玉佩

東漢「宜子孫」出廓璧

358 漢代玉器紋飾有何特點？

漢代玉器的紋飾，在繼承前代的基礎上，有了很大的進步變化，尤其是在立體化的動物紋方面，並且還產生高低不等的浮雕動物紋飾。這種立體化的風潮在漢代達到了巔峰狀態。此外，乳丁紋成為風格簡潔的獨立紋樣，這也是漢代玉器紋飾的特色之一。

359 漢代玉器所用的玉材有哪些？

漢代玉器所用的玉材以新疆和田玉為主。和田玉中主要包括白玉、青玉、碧玉、墨玉、黃玉等，其中的白玉成為玉中上品。其他所用玉石還有岫玉、獨山玉、酒泉玉、瑪瑙、水晶、滑石、琥珀、綠松石等。

漢代和田玉所琢的玉器的玉色主要有羊脂白色、乳白色、青白色、青色、綠色、黑色、黃色等，所用其他玉石製成玉器的玉色有月白色、淺白色、鵝黃色、天藍色、絳紅色、黃綠色等。大型玉璧多用水蒼玉，灰綠色而有飯糝；廓外帶有裝飾的璧，多用青玉；佩飾、劍飾、玉玦、翁仲則以白玉為多。漢代的青玉、白玉作品多有蒼舊之色。

360 漢代常見的玉器器形有哪些？

漢代玉器的基本器形主要有幾何形、人物形、動物形幾類。玉璧、玉環、玉管、玉圭

漢青白玉辟邪

西漢龍形玉帶鉤

等都屬於幾何形，而人物形以玉舞人、玉仙人、玉仕女等在玉佩中較多出現。動物形包括玉鷹、玉熊、玉辟邪、玉豬、玉蟬等，常見。

在漢代玉器中，玉璧、玉圭等禮儀玉器的裝飾性佔據主導地位，玉璋、玉琮等基本絕跡，用於斂葬的葬玉數量增加，出現了玉衣、九竅塞等。漢代，戰國時期盛行的組佩基本已經消失了，而前代所沒有的玉剛卯、司南佩、雞心佩等新創器形廣為流傳。並且在題材上出現神仙題材，出現了玉仙人玉雕。

 361 漢代玉器的工藝特點是什麼？

在漢代玉器中，圓雕、高浮雕、透雕玉器和鑲玉器物增多。戰國時期的遊絲毛雕在漢代得到大力發展，並在此基礎上發展而成的「遊絲寬坡線」，是漢代又一新創的線形。

此外漢代玉器地子的處理技法可謂空前絕後，其精美劃一、平整如鏡的「陽紋地平」令人驚歎。同時漢代玉器表面拋光的技術也達到了很高的水準，當時可能出現了布輪和砂輪等先進的打磨工具。

 362 漢代裝飾玉有何特點？

漢代的裝飾玉以佩飾最多，各種形制的單件佩飾，如帶飾、劍飾、璽印等在漢代玉雕中佔有很大比重，上層社會佩玉成風。然而這時期沒有流行玉組佩。

363 漢代玉鎮有何特點？

商周以來的人多席地而坐，或坐於有席子的坐榻上。鎮用來壓席角。漢代玉鎮的使用更為普及。圓雕，異獸形，以臥伏或屈腿者多見，如天馬玉鎮、辟邪玉鎮等等。

西漢虎頭玉璜

西漢仙人奔馬玉鎮

364 漢代玉帶鈎有何特點？

玉帶鈎是漢代玉器中常見的一種器物，有長鈎、短鈎、琵琶肚、扁擔腰、方頭、圓頭等多種形式，基本承襲了戰國帶鈎的形制。鈎紐一般為圓形或橢圓形。漢代玉帶鈎琢磨細緻，鈎首多作獸首形，也有鳥首形、螭首形的等等，鈎身常施以雲紋，也有光素無紋的。

365 漢代玉劍飾有何特點？

漢代的玉劍飾有四種，包括劍首飾玉、劍格飾玉、劍珌飾玉、劍鞘飾玉，各有其特點。漢代的劍首飾玉多為圓形、方形兩種。而其中圓形的最常見，為圓片狀，中部凸起圓形球面，圓凸的四周或飾穀紋，或凸雕螭紋；方形的上寬下窄，近似梯形，中部微隆起，其上有獸面紋或雲紋。漢代的劍格飾玉，一般較薄，側看為長條形，飾有獸面紋。漢代的劍珌飾玉一般為方形，下端略寬，中端凸起，兩側薄似有刃，飾有山形紋或獸面紋等。漢代的劍鞘飾玉呈長條形，片狀，兩端下彎，背面有一個方形的倉，倉的側面有透孔，其上飾有螭紋、勾雲紋等。

366 漢代葬玉有何特點？

漢代的葬玉主要包括玉衣、口琀、玉握、九竅塞、玉枕、玄璧和鑲玉棺。葬玉在漢代玉器中佔有很大的比例。兩漢時期，葬玉之風達到頂峰，出現了玉衣裹屍和防止人體精氣、腐液外泄的成套九孔玉塞，即九竅塞。

367 中國發現最早的金縷玉衣有何特點？

1986年發掘的河北滿城中山靖王劉勝、竇綰夫婦墓中有兩套金縷玉衣，是中國發現最早的金縷玉衣。而影響最大的是劉勝的金縷玉衣，玉衣全長1.88公尺，用玉片2498

片，耗用金絲1100克。竇綰玉衣全長1.72公尺，用玉2160片，所用金絲799克。這兩件玉衣的用材選料、造型技巧、琢磨工藝及總體規格均為帝王喪葬的標準，空前絕後。

368　漢代玉璧有何特點？

　　與戰國時期的玉璧相比，漢代玉璧的器形增大加厚，有的直徑甚至超過50公分。其紋飾仍以穀紋、蒲紋、龍鳳紋為主，但略有變化，比如漢代玉璧上的穀紋、蒲紋的顆粒變得大而稀疏，並且組合紋飾更為流行，兩組或三組紋樣裝飾的玉璧相當普遍。飾以吉祥內容的文字，也是漢代玉璧的特色之一。但是到了東漢後期，玉璧少見，零星所見以素面居多。

漢黃玉「長樂」螭虎出廓璧

369　漢代玉璜有何特點？

　　玉璜在漢代呈現出衰落之勢，西漢初年的作品尚有一定數量的發現，中期以後的少見。西漢玉璜大多為扁平弧形，兩端刻為獸頭形，璜面刻流雲紋或減地穀紋，形制古樸，頗有戰國遺韻。

370　漢代玉圭有何特點？

　　漢代的玉圭數量不多，大多為尖首圭，形體較小，長度從數公分到20公分不等。作為祭祀用禮器的作用減弱了，更多具有的是斂葬意義。

西漢犀牛形玉璜

西漢玉圭

西漢玉舞人

南北朝白玉立佛

371 漢代玉辟邪有何特點？

辟邪是一種想像中的動物，漢代玉辟邪一般為小頭、張口、凸眼、短肢，有翅。這種玉辟邪多作玉鎮，用來壓席子。有些內空，可貯水，或為硯滴等文具。目前發現的漢代玉辟邪，只有寥寥幾件。

372 漢代玉舞人有何特點？

漢代玉舞人有兩種：一種為扁平狀鏤雕，以細陰線表現人物衣飾、體態、五官輪廓、面部表情，線條簡單，卻往往細緻入微。另一種為圓雕玉舞人，其形象更加生動，衣服褶皺、髮型、舞姿均可看出古人舞蹈的飄逸、靈動。

魏晉南北朝玉器

373 魏晉南北朝玉器有何特點？

魏晉南北朝時期，是高度發達的漢唐玉雕間的一個低潮，出土玉器極少，精品更少。究其原因有四：其一，社會動盪不安，戰亂紛起；其二，魏文帝下令禁止使用玉衣，禁止厚葬，葬玉製作自此一落千丈；其三，當時崇尚虛無的玄學，佛教和道教在南北朝時期與儒教分庭抗禮，儒家賦予玉那種道德內涵和禮制觀念徹底瓦解，禮玉幾乎絕跡了，但是出現了佛像等宗教題材的玉雕；其四，在神仙思想和道教煉丹術的影響下，當時不愛好琢玉，而盛行吃玉，早期玉器的美術價值和禮儀觀念，這時消失殆盡。

魏晉南北朝玉器的風格特點為簡單，做工不夠精細，用途簡化，裝飾簡化。禮儀用玉幾乎不

南北朝玉辟邪

南北朝白玉螭紋璧

見，偶爾所見琮璧禮玉，或是前代舊玉，或是模仿，沒有創新。葬玉僅存有玉握、玉琀等小件的殉葬品，做工也顯得簡略樸素，精工者極少。而日常用品和觀賞類、裝飾類玉器卻增多了，並且還有所創新。這表明，中國古代玉器已由高度發達的、處於巔峰地位的兩漢玉器，漸漸滑落低谷，同時又出現了向新功能、新領域轉化的萌芽。

374 魏晉南北朝時期玉器所用玉材有哪些？

魏晉南北朝時期，和田玉的數量減少了，只有少量的白玉、青玉等。其他玉石材料有瑪瑙、琥珀、滑石、綠松石、青金石等。此外滑石品增多，還出現了許多較為美麗的石製品，可見當時玉料之不足。

375 魏晉南北朝時期玉器工藝特點是什麼？

魏晉南北朝基本上繼承了漢代玉器的製作工藝，出現了一種新的線紋──粗陰線，中間粗直，收筆細尖，線紋走向非常明顯，是由漢代的遊絲毛雕發展而來，後來成為唐代玉器的主體裝飾線紋。

魏晉南北朝時期禮儀玉器、喪葬玉器極少，而裝飾玉器和日用玉

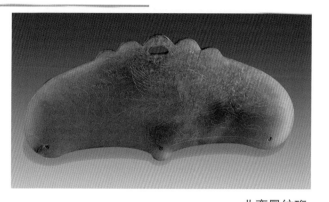

北齊鳳紋珩

器卻有所增多和創新，有著鮮明的時代特點。此外，還有少數佛教題材的玉器造型，如用和田玉製作的玉佛等。

376 魏晉南北朝玉璧有何特點？

魏晉南北朝時期，為玉器發展史上的又一低潮期，出土玉璧及傳世玉璧均不多。當時製作的玉璧形制主要是繼承東漢遺風，傳世器中有一些一面是穀紋、一面是雲螭紋的璧，所雕螭紋和東漢相近似，但從整體風格上看更加趨向柔美。

其螭紋多作穿雲狀，眼形是倒掛眉和倒掛眼形；軀體挺胸凸肚、臀部上聳，整個姿態非常雄健。軀體上常出現很細小的「圓點紋」，此紋飾僅在精品器物上出現。

魏晉南北朝雞心佩

377 魏晉南北朝佩飾有何特點？

魏晉南北朝時期，玉珩多為扁平形，作雲頭狀或如意頭狀。

漢代的心形佩是從玉觿發展而來，魏晉南北朝時進一步演變為雞心佩，一般呈片狀，圓角長方形，中有一橢圓形孔，邊壁多透雕蟠螭紋或龍紋。

378 魏晉南北朝玉雕動物有何特點？

此時期玉雕動物常見的有玉豬和玉蟬，其風格趨向寫實而又簡括。較之漢代，這些動物形玉雕也有些變化，如玉豬的頭部更加形象，身體變得細弱，通常為10公分左右；玉蟬形體較大。此外還有辟邪、瑞獸、臥羊等寓意吉祥的動物形玉雕。

379 魏晉南北朝玉帶飾有何特點？

魏晉時期的玉帶飾大致有兩類，一類為帶扣，一類為帶鉤。玉帶鉤絕大多數追隨漢代式樣，出土數量和品種少，大多無紋飾。魏晉南北朝時期的玉帶鉤器形一般較小，鉤首多作龍首形，鉤身變厚、變寬。

380 魏晉南北朝玉劍飾有何特點？

魏晉南北朝時期的玉劍飾呈現衰落趨勢，劍飾範圍更小，數量也較少。從考古發現的實物來看，魏晉南北朝時期僅見劍首等零星飾玉，如遼寧省北票市北燕馮素弗墓出土的玉劍飾只有玉劍首，此玉劍首表面凸起，有多層次鏤雕而成的雲水紋。

隋代金扣玉盞

381 如何認識唐代玉器？

隋代統一時間很短，傳世玉器數量不多，但很有特色。

唐代是中國封建社會的高峰時期，社會相對穩定，經濟繁榮，對外交流貿易往來頻繁，是當時世界上最為強大的國家之一。唐代形成了輝煌燦爛、舉世矚目的唐文化，在文化藝術方面取得了空前成就。在此社會背景下，中國古代玉器的發展也出現了新的高峰。

唐代玉器在中國古代玉器史上具有承前啟後的作用，是在傳統的基礎上發展的，由漢代玉器的延續，經過魏晉南北朝的孕育，同時吸收中亞、西亞等外來文化的精華，逐步形成了自己獨特的藝術風格，開一代玉雕之新風，對後世玉器的發展產生了重要的影響。因此現存的唐代玉器可以說「件件是精品」。

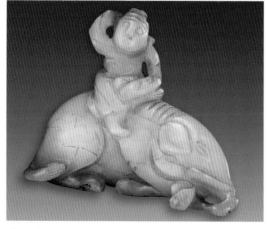

唐代青玉人騎象

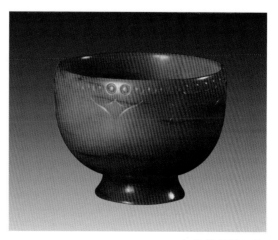

唐代蓮花紋玉杯

382 唐代玉器有何特點？

唐代玉器承前啟後，又融合了中外文化藝術的特點，更善於棄舊存新，因而當時的玉器雕刻博大清新，華麗豐滿，顯示出健康飽滿、蓬勃向上的時代風貌。這時期的玉器紋飾造型多取材於人物、動物、花鳥、樹木等，而人物、動物的雕琢更注重表現其精神世界。植物紋多表現花草樹木和瓜果，寫實性很強，這是在唐代首次出現。

同時，受佛教文化的影響，出現了著名的玉飛天，也出現了和佛教有關的蓮瓣紋、吉祥草等紋飾。但這時期流傳下來的玉器特別少，可能與當時金銀器製作的增多有關。

唐代白玉雕馬頭飾件

 383 唐代玉器的工藝特點是什麼？

唐代經濟繁榮，治玉工具基本齊全，製作工藝日趨成熟。唐代玉器吸收當時的金銀細工、雕塑與繪畫手法，這時期的玉器多為片狀，採用傳統的減地浮雕、鏤雕與圓雕，大量使用陰刻線。陰線紋的特點是，簡練遒勁，刀法嫻熟，直線與曲線共用。出現於魏晉南北朝時期的粗陰線，成為唐代玉器中最典型線條。

384 唐代玉器的主要品種有哪些？

隋唐五代十國時期玉器所用玉材以和田白玉為主，也有一部分青玉，其他玉石材料有寬甸玉、瑪瑙、水晶、綠松石、大理石、漢白玉、東陵石等。

傳統的禮儀玉器和喪葬玉器在唐代基本消失了，這時期占重要地位的是裝飾性玉器、觀賞性玉器、日用玉器，佛教題材的玉器也得到了發展。

裝飾性玉器包括玉帶板、玉鐲、玉簪、動物形佩飾等。觀賞性玉器包括玉人、玉獸、玉鳥等。日用玉器則有玉杯、玉碗等生活用具和玉硯、玉筆筒等文房用具，另外還有許多玉冊。佛教題材的玉器包括玉菩薩、玉法輪、玉飛天、玉摩竭等。

385 唐代玉器紋飾有何特點？

唐代玉器的紋飾借鑒了當時繪畫中的線描手法，開始出現了纏枝花卉、葵花圖案、人物飛天、花鳥紋等。唐代由於與西亞等地聯繫加大，因而在玉器紋飾上也融入了濃郁的西亞風味。如胡人進寶、胡人伎樂等西亞題材圖案出現於玉帶板就是一個重要例證。

386 唐代玉璧有何特點？

玉璧在唐代已不再作為禮儀玉器，並且數量較少，但是很有特色。存世的唐代玉璧一般飾花卉紋，紋中的花葉上刻有排列整齊的短小陰刻線，為典型的唐代玉璧風格。龍紋也是唐代玉璧上的主要紋飾，龍身遍飾鱗紋，龍的嘴巴特別長，嘴角超出眼角，上顎翹起，腿部特別長，三趾，蛇形尾。唐代還有一種玉璧，兩面飾紋：一面為穀紋或蒲紋，細小柔和；另一面為獸面紋或蟠螭紋，非常有特點。

唐代雲龍紋玉璧

387 唐代玉人有何特點？

唐代玉人所表現一般為伎樂人，多持樂器，另有進寶等造型，其形象有飛天、胡人，此外還有神仙、佛像、樂人、童子、仕女等。從流傳下來的人物玉雕來看，唐代玉人動感十足，雕刻的線條簡練，造型真實自然，胡人玉雕充滿異域風情。

唐代玉飛天

388 唐代玉飛天有何特點？

唐代玉飛天是唐代人物玉雕的典型代表，製作精美，一般為佩飾，形體較小。飛天形象通常體態豐腴，上體裸露或穿緊身衣服，胸掛瓔珞，肩披飄帶，下身著緊貼於腿股的長

裙，祥雲托起，或手持蓮花，飛舞天空。唐代的玉飛天一般呈片形，鏤雕，線條粗獷，刀法簡潔有力。

389 唐代玉帶板有何特點？

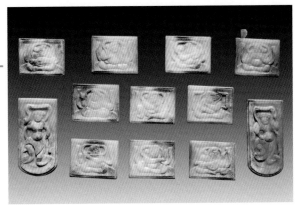

唐代胡人伎樂玉帶板

唐代以玉帶入官服來表示官階的高低，因此當時銙帶制度是極嚴格的，以玉銙為最高貴。《新唐書・車服志》載：「以紫為三品之服，金玉帶銙十三；緋為四品之服，金帶銙十一；淺緋為五品之服，金帶銙十；深綠為六品之服，淺綠為七品之服，皆銀帶銙九；深青為八品之服，淺青為九品之服，皆瑜石帶，銙八；黃為流外官及庶人之服，銅鐵帶銙七。」

唐代玉帶板，玉銙形體較厚，有方形、長方形、半月形、雞心形（又稱桃形）等式樣，多裝飾有浮雕圖案，以西域胡人形象的紋飾最具特色。有的帶板還鑲以金邊，或以玉為緣，內嵌珍珠及紅、綠、藍三色寶石。唐代玉帶一般根據帶板的數目來稱帶，如「十三銙帶」。

390 唐代玉佩有何特點？

唐代玉佩的規模和樣式雖不及前代，其佩戴也不及前代嚴格，但唐代的玉佩多以現實生活為題材，並且結合當時繪畫的風格，有新的發展，因此唐代玉佩更加世俗化、大眾化。唐詩中多有提及。如權德輿的《贈友人》：「知向巫山逢日暮，輕裾玉佩暫淹留。」徐凝的《七夕》：「一道鵲橋橫渺渺，千聲玉佩過玲玲。」皇甫曾《早朝日寄所知》：「爐煙乍起開仙仗，玉佩才成引上公。」等等。

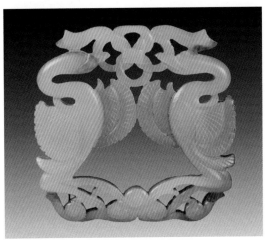

唐鏤雕對鶴銜綬帶流雲佩

391 唐代人物佩有何特點？

唐代的人物佩多以胡人、飛天、佛像、神仙、童子、仕女等為表現題材，通常為扁平片狀，線條刻畫簡練，人物服飾多趨向寫實，能反映當時人們的服飾特點。

392 唐代動物佩有何特點？

唐代動物佩品種繁多，以龍、馬、象和駱駝題材最為多見，也有禽類動物，如孔雀、鶴等。動物造型寫實，線條刻畫平直，整體表現出粗獷灑脫、簡練傳神的風格。

393 唐代植物佩有何特點？

唐代植物佩中寫實的花卉、瓜果、枝蔓等題材的玉佩占了很大比例。這些玉佩中，有的以花卉和瓜果綜合其他圖案，有的以一種獨立的植物為紋飾，常見的有蓮花佩、梅花佩、牡丹佩、玉蘭佩、葫蘆佩、蟠桃佩、牡丹佩、石榴佩等，並且被賦予了特殊的吉祥含義，成為後來玉器製作中的常見題材。

394 唐代玉髮具有何特點？

唐代是女性得到大解放的時代，女性地位得到大大提高，因此這時期屬於女性裝飾、化妝的玉髮具十分流行。

其中以梳、簪、釵最為多見，並且很有特點，比如唐代玉梳，非常獨特，非常美觀，多弧背，呈半月形，梳齒疏密得當，通常雕以大葉花紋或鳥紋。唐代張萱《搗練圖》中便有以梳篦飾髮的女子。

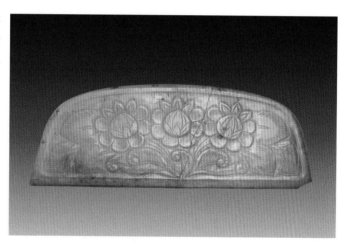

唐代白玉牡丹紋梳背

395 唐代玉步搖有何特點？

玉步搖是唐代婦女最主要的頭飾之一。白居易《長恨歌》中有「雲鬢花顏金步搖」的詩句，可見當時步搖的使用情況。

唐代玉步搖雕琢細緻，紋飾精美，多以黃金曲成龍鳳等形，然後在上面綴以珠玉或玉片，花式繁多，晶瑩閃耀，與釵鈿相混雜，簪於髮上，非常華貴。

396　唐代玉杯有何特點？

　　唐代玉杯的形制多樣，既受古代器皿造型的影響，又有當時自身所具有的時代特點。有雲紋杯、蓮瓣紋杯、人物紋杯、單耳瓜棱杯、羽觴、角形杯等，這些玉杯無不選料優良，琢磨精細。當時人們比較注重實用，因此，這時期的玉杯多為簡約器形，器壁輕薄。

唐代白玉人物紋碗

397　唐代玉碗有何特點？

　　唐代玉碗簡潔、素雅，玉質多以白、青、碧玉為主，碗口通常外侈，圈足規整，器壁較薄，多為成套製作。唐代金鑲玉的工藝技術非常成熟，因此出現了一種鑲金玉碗，非常富麗堂皇。

398　唐代玉冊有何特點？

　　玉冊在唐代是一種非常重要的禮儀玉器，有封禪玉冊和玉哀冊。封禪玉冊是帝王在泰山進行封禪儀式時所用的。舉行儀式時，將禱告天地、祭祀山川神靈的文字刻在玉板上。在封禪活動結束後，將玉冊埋藏。上圖的玉冊呈簡牘狀，多五簡為一排，以銀絲連貫，冊文作隸書。玉哀冊是帝王下葬時的最後一篇悼文，是稱頌帝王功績的文辭。古代帝王死後，於葬日舉行「遣尊」之禮時，要宣讀祭文，並將它刻於玉片上，綴連成簡冊，埋入陵墓內。玉哀冊呈扁平片狀，但均較寬長，表面磨平，正面刻楷書文字，字內填金，背後順序編號。

唐代封禪玉冊

宋遼金元玉器

399 唐宋以來新的玉器紋飾有哪些？

唐宋以來新的玉器紋飾可歸納為以下三部分：

（1）富有吉祥意味的幾何形裝飾紋樣，如田字紋、如意紋、雙錢紋、山字紋、工字紋、結紋（今人稱之為中國結）等。

（2）在傳統的基礎上新創作的動物紋樣，如海馬、海龍、海鹿、海犀、大象、狻猊、蝴蝶、蟈蟈及各種昆蟲等。

宋蓮瓣形髮冠

（3）花卉枝蔓瓜果藤葉紋樣，這些紋樣涉及的植物品種有芍藥、薔薇、葡萄、玉蘭、海棠、蓮花、萱草、牡丹、竹葉、芭蕉、梅花、蘭花、菱花、靈芝、荷藕、月季、百合花、喇叭花、忍冬花、曼陀羅、西番蓮等。

400 真正的仿古玉器從何時開始出現？

宋朝分為北宋和南宋兩個階段，總共存在了三百餘年。北宋時期，國家統一，經濟繁榮，加上書畫俱佳的宋徽宗對玉也偏愛，因此玉雕行業得到了空前發展，甚至出現了玉雕市場、玉器店。這時期的玉器不再只為達官貴人和文人雅士賞玩，而是深入民間，更加趨

宋仿古三螭杯

宋白玉「孔雀穿花」佩

向市民化、世俗化，帶有吉祥、避邪、宗教色彩和實用、擺設的玉器大量出現。同時，宋代出土古玉增多，滋長了仿製古玉之風，大量的仿商、周、戰國、西漢的玉雕出現並走向市場，可以說真正意義上的仿古玉應是從宋代開始出現的。

宋代仿古玉器，雕琢圓潤，製作精美，尤其是復古的「歧出」，如仿弧形，其圓形的線條上歧出一些長短一致的短線，這是今天鑑別宋代仿古玉的依據。

401 宋代玉器有何特點？

宋代玉器分為裝飾類和實用類玉器兩種。雕琢寫實細膩，造型靈巧，以寫實與世俗化風格為主，題材多為現實中的人物、動物和植物，在形制和紋飾上講求對稱均衡，比例協調，明顯地受到了宋代繪畫藝術的影響。

402 宋代玉器所用的玉材有哪些？

宋代玉器大量使用新疆和田白玉和黃玉、墨玉、青玉。此外宋代玉器中還可以零星地見到青海玉、水晶、綠松石及獨山玉作品。然而黃玉顏色較暗，似含綠色；青海玉色澤與和田玉相似，硬度低於和田玉，但透明度高於和田玉；宋代獨山玉作品僅見北京故宮博物院收藏的玉尊、玉簋，玉質不甚溫潤。宋代瑪瑙器大量出現，所用瑪瑙品種也較多。

宋代玉器以白玉居多，但不少出土的白玉器變為紅橙色，俗稱「宋玉紅」。

宋代白玉執荷童子

403 宋代玉器紋飾有何特點？

宋代玉器向世俗化發展，日用玉器越來越多，因此宋代玉器的紋飾也極為豐富多彩，幾乎自然界常見的事物和傳說中的神靈都有。有雲紋，松、竹、梅、梧桐、水草、蘆葦、牡丹、荷葉、蓮花、桃、石榴、荔枝、靈芝等植物紋，虎、鹿、羊、狗、兔、鴨、鵝、鸚鵡、鴛鴦、天

宋代玉璧

鵝、鶴、龜、魚、蝴蝶等動物紋，龍、螭、鳳、辟邪、四不像、神獸等神靈動物。

404　宋代玉器的工藝特點是什麼？

　　宋代玉器的製作工藝在唐代玉器的基礎上有新的發展，鏤雕是其主要的表現技法，這時期鏤雕玉器的種類繁多，數量浩大。宋代玉工使用了管壁極薄的管形鑽，用於鏤雕，鏤雕手法和管鑽工藝充分結合。因此宋代的鏤雕工藝刀工細膩，構圖精緻，層次清晰，俗稱「宋作工」。此外宋代的圓雕作品也極具特色，形態非常逼真。同時宋代仿古玉器盛行，巧作工藝和宋代獨特的留皮工藝巧妙地用於宋代仿古玉器中。

405　宋代禮儀玉器有何特點？

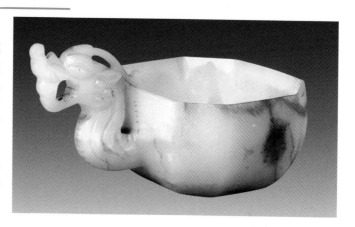

宋青玉龍柄玉杯

　　雖然傳統的禮儀玉器在宋代已經趨向消亡，但是仍有部分用於各種禮儀活動，比如蒼璧、黃琮、玄圭、玉冊、玉磬等，並且各有特點。

　　宋代蒼璧用於祈谷明堂之舉。祈谷是帝王祭祀谷神，祈禱豐收的典禮，使用玉璧是表示對上天的敬意。除蒼璧外，宋代玉璧也有其他類型。宋代玉璧一般多仿漢代的形制，但在雕刻刀法上又有所不同，也有一些傳世玉璧帶有明顯的宋代風格特點。宋代玉圭多為玄圭，主要用於祭祀圜丘與方澤。宋代玉冊簡長1尺2寸，寬1.2寸，其上刻文而塗金，是一種很重要的禮儀玉器。據《宋史》記載，宋代玉磬用於禮樂活動中。

406　宋代玉酒具有何特點？

　　宋代玉酒具種類繁多，造型多樣，不同於前代以穩定幾何形為主的造型風格，出現了以圓雕玉人、玉獸等為造型的玉酒具。宋代玉酒具中以玉杯的數量最大，也最具特點。這時的

北宋青玉鏤空竹枝佩

玉杯有仿古的，也有屬於本時代風格特點的，這種玉杯在繼承唐代玉杯的寫實傳統上，不再侷限於青銅器造型，同時又吸收宋代瓷制酒具的特點，自成風格，大大推動了後世酒具造型的發展。

407 宋代玉佩有何特點？

宋代玉佩品種極多，形式多樣，主要有魚、花、鳥、獸、人物紋等玉佩，而屬古代傳統玉佩的玉璜、玉珩、玉沖牙等已不再流行。其中，最能反映宋代玉佩水準的要屬鳥形玉佩和花形玉佩。比如鳥形玉佩：宋代鳥形玉佩主要有綬帶佩、雙鶴佩、鳳佩等幾種典型類型，雕工精細，形態優美。

宋代的花形玉佩傳世品較多，多為圓雕作品，也有鏤雕雕花玉片。

408 宋代玉帶飾有何特點？

傳世玉器中發現的宋代玉帶飾主要有帶板、帶鉤、束帶、提攜、帶扣等。其中玉帶板的形制基本繼承了唐代玉帶板，紋飾以花鳥紋為多，而人物紋飾中的人物形象取材廣泛，更加世俗化。宋代玉帶鉤較多，且多為仿古作品；但也有一部分應時作品，如蟠螭帶鉤。這時的螭紋帶鉤較元、明作品要窄小精緻，鉤頭或為獸首，或為鳥首，鉤頭與鉤腹間距較小，腹部凸雕螭紋；魚形帶鉤，鉤頭為獸首，鉤腹為魚形，魚無鱗，小圓坑眼，身側有一道細明線，魚尾分向兩側，為典型宋代玉魚。宋代玉束帶多為長方

宋玉螭虎帶飾

形、橢圓形、花形、荷葉形等樣式，紋飾有龍紋、鵝紋、虎紋、花瓣紋等。

409 宋代玉童子有何特點？

宋代玉童子多作墜飾，其造型多仿唐代，以執荷童子形象最為常見。這種玉雕中的童子髮髻髮絡多在頭頂，後腦大，五官集中，身著短上衣，或罩小馬甲，手握拳與袖平齊，下著肥腿褲，露腳踝，以陰線刻鞋，持荷葉站立，形態生動。

410 遼代玉器總體風格有何特點？

遼金時期，玉器以白玉、青玉為主，瑪瑙、水晶等製品也大量出現。

遼代（916—1125）定都南京（今北京），與北宋對峙，雄踞我國北方，最終為金所滅。在與內地的長期交往中，遼代一方面用宋朝玉工為其琢玉，另一方面直接從北宋進口玉器，因此考古發現的遼代獨製的玉器較少。其玉器種類主要有玉飛天、玉帶飾、玉水盂、玉盒、玉硯、象生玉器、玉佩及一些水晶、瑪瑙、琥珀製品。

遼青白玉組佩

遼白玉鏤空飛天

宋玉荷瓶童子

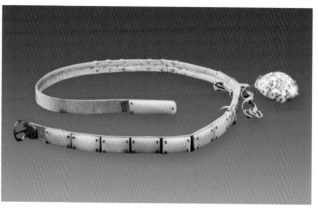

金代玉帶

金代花鳥玉佩　　　　　　　　　　　　　　　　遼金「秋山圖」玉佩

411　遼代玉器在工藝上有何特點？

　　遼代玉器以圓雕為主，透雕、鏤雕相對較少，淺浮雕、俏色等更為少見，線紋多為陰線刻，刻畫細膩。同時遼代玉器的製作工藝多受北宋影響，如留皮、巧作等工藝，為後世北方玉器的製作奠定了堅實的基礎。

412　金代玉器總體風格有何特點？

　　金代（1115—1234）與南宋相對峙。金代的統治區域廣大，包括今之東北三省以及河北、陝西、山東、河南、安徽、江蘇一部分地區，因此金代的玉料充足，並且在擴張過程中大量掠奪遼代及北宋的珍寶，同時也俘虜了很多遼代和北宋的玉工，這些都刺激和促進了金代玉器的發展。

　　來自北宋和遼代的玉工將自身先進的琢玉工藝與女真族的民族特點相融合，製成了極具遊牧民族特色的「春水玉」和「秋山玉」，這些是中國玉器製作史上的奇葩。

413　金代玉器在工藝上有何特點？

　　金代玉器繼承了唐代遺風，同時又受到了宋朝影響，並且結合了本民族的特點。因此金代玉器的製作工藝也非常有特色，多為片狀的佩飾玉，雕刻以鏤雕為主，有單層鏤雕，也有雙層鏤雕，甚至三層鏤雕，層次分明。

　　金代線紋以陰刻線為主，線條剛柔相濟，寬細兼備。這時期的代表玉器「春水玉」、

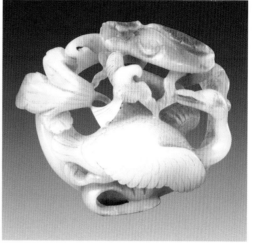

金白玉鏤雕「秋山圖」玉佩 　　　　　　　　　金青玉「春水圖」玉佩

「秋山玉」浮雕、鏤雕、陰線刻相結合，工藝複雜，製作精細。

 414 如何區分宋遼金玉器？

宋遼金時期，南北方玉器既有共同點又存在著差異。其區分要點有四：

其一，在玉材上，宋遼金時期玉器所用玉料都以透閃石為主，但遼金地區多見水晶、瑪瑙、琥珀等材料的器物，而宋代只有少量的水晶、瑪瑙器物。

其二，在題材及器物類型方面宋遼金基本沒差異，只是宋代玉器中的仿古器皿、劍飾等種類在遼金玉器中尚未發現。遼金玉器中的針盒、羊骨等也獨具特色。

其三，在工藝加工上，宋遼金玉器製作大體相同，都採用了鏤雕工藝，但在加工方式上又有不同，金代鏤雕玉器較多地使用了實心鑽琢孔工藝，管形鑽使用僅見於個別器物。宋代則使用了管壁極薄的管形鑽，並將其用於鏤雕工藝上。

其四，在風格上，遼金都是北方遊牧民族建立的政權，其玉器雖吸收了漢文化的許多先進因素，但也保存和發展了本民族的傳統文化，因此，遼金玉器風格比較粗獷，如春水玉和秋山玉等。

415 何為春水玉？

遼、金、元皇帝每年春季都要在嫩江、松花江等附近多個地方打天鵝和狩獵，此等盛事即契丹語之所謂「捺缽」。而春水玉就是反映這一場景的玉雕。春水玉是一種裝飾玉，通常採用鏤雕來體現水禽、花草，具有強烈的民族特色。

春水玉造型多呈厚片狀，多數作品比較注重單面雕刻，風格粗獷、簡潔。

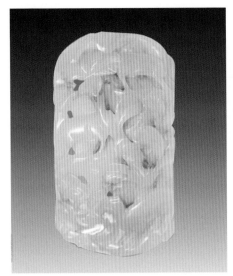

元代「秋山圖」玉帶飾

元代青玉環

416 何為秋山玉？

元代玉雕龍飾件

遼、金、元皇帝與貴族除了要在「春捺缽」釣魚、打鵝，還要在「秋捺缽」獵虎射鹿，秋山玉就是表現這一山林圍獵情景的玉雕。秋山玉採用鏤雕工藝雕琢山林、虎、鹿等自然畫面，層次多，風格寫實，多以東北多見的柞樹作為表現題材，虎、鹿穿行其中，場面異常活潑、生動，情趣盎然。

417 如何認識元代玉器？

元代是蒙古貴族以鐵騎和極端的民族壓迫為統治手段而建立起來的橫跨歐亞大陸的強大帝國。蒙古族入主中原以前，受地理環境制約，比較喜歡瑪瑙、碧甸子（松石）；滅掉金、南宋，定都大都後，吸收漢族、女真族先進的琢玉工藝，並且在大都和杭州設立專門的玉器作坊。因此元代玉器比之金、宋有過之而無不及，其玉文化也取得了輝煌的成就。元代玉器種類豐富，裝飾類玉器有玉帶鈎、玉帶飾、玉飛天、魚形玉佩、羊形玉佩、項鍊、玉童子墜、春水玉、秋山玉等，觀賞陳設玉器有玉海、玉魚、玉雁、玉獸等。

另外，元代還繼承了宋代仿製古玉器的傳統，根據商周青銅器的形制仿造了許多玉鼎、玉簋、玉壺、玉尊、玉瓶等，但紋飾仍留有較明顯的時代特點。

418 元代玉器總體風格有何特徵？

元代裝飾性玉器多以動物型與花卉型為主題，圓雕為主，片形為次，並且在服飾用玉上增加了小型的玉飾嵌件及帽頂。元代觀賞陳設性玉器以高大著稱，如「瀆山大玉海」開創了我國大型玉雕的新領域。元代玉器的紋飾造型主要有龍紋、虎紋、鹿紋、螭紋、鳳紋、魚紋、凌霄花紋、人物紋、雁紋、天鵝紋、海東青紋等。而民族風情圖景及柞樹葉齒狀外緣的琢法，是一些元代玉器的明顯特點之一。

419 元代玉器紋飾有何特點？

元代玉器的玉材主要來自和田及附近的匪力沙，以白玉為主，質地優良。另外，還使用岷玉、青金石、綠松石、瑪瑙、水晶等。

元代玉器紋飾中，最常見的是春水玉的天鵝紋、秋山玉的虎紋。此外，元代玉器紋飾中，龍紋、渦紋、雲紋、鳥紋、花卉紋等也非常有特點。

420 元代玉器在工藝上有何特點？

元代玉器在製作工藝上沒什麼創新，雕刻方法包括淺浮雕、鏤雕和圓雕，並均與陰線紋結合，立體感很強。但是這時期出現了大型玉器，如「瀆山大玉海」，雕工粗獷勁逸，開創了我國大型玉雕的新領域。

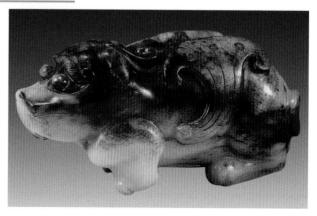

元代玉瑞獸

421 元代玉璧有何特點？

元代玉璧多仿唐代，器形厚重，大璧很少，以小型居多，供佩戴用，多數隻在一面雕紋飾，穀粒稀疏，排列無規律。元代玉璧刀工粗糙，用刀較深，刀鋒常常出廓。

422 元代動物形佩有何特點？

元代動物佩造型多樣，多為厚片形，題材以麒麟、鹿、虎、鳥、龍等為多見。另外，魚龍是這一時期的典型作品，其典型形象為龍頭、大翅、魚尾，魚尾分叉。

元代瀆山大玉海

元代青玉蓮鷺紋爐頂

423 元代瀆山大玉海有何特點？

玉海，一種大型的貯酒器，最有名的為「瀆山大玉海」。

瀆山大玉海，又稱玉甕、玉缽，是元世祖忽必烈在至元二年（1265）令皇家玉工製成，喻示元初版圖之遼闊，國力之強盛。它重達3500公斤，高0.7公尺，口徑1.35至1.82公尺，最大周圍4.93公尺，玉料取自新疆。它原放置在元大都太液池（今北京北海公園）中的瓊華島廣寒殿，現陳設於北京北海團城承光殿前的玉甕亭中。

瀆山大玉海外壁周圍雕飾有洶湧波濤和遊弋騰躍其間的龍、馬、猿、鹿、犀、螺等不同動物，手法細緻，造型誇張，形態生動，玉海在清代乾隆年間曾進行了四次加工，細部紋飾有所變動，並鐫有乾隆御製詩及序、注等。

424 元代玉爐頂有何特點？

元代最具特色的觀賞陳設玉是玉爐頂。此時的玉爐頂多為鏤雕作品，題材以春水、秋山、鷺鷥以及一路連升等圖案最為多見，風格粗獷豪放，極具民族特色。

425 元代玉帶飾有何特點？

蒙古族是一個傳統的遊牧民族，也是一個帶鉤使用歷史悠久的民族，因此元代的玉帶鉤具有濃郁的民族特色，多以龍首為鉤首，鉤身附設鏤雕紋飾，曲線較為平緩，形體增大，多呈琵琶形。元代玉帶鉤造型新巧，風格別具，明清兩代多有效仿。

玉帶之制在元代又有新的規定，在元代，只有一品以上的文武官員才可使用玉帶。其中文官玉帶板上的紋飾為禽鳥紋，武官玉帶板上的紋飾為走獸紋，而獅紋為一品武官玉帶板上的專用紋飾。

元代青玉帶飾

元代玉帶扣分為三部分，兩側為片狀玉板，各帶一個環頭，中間有一個套環將其套接，呈三環相接的形式。帶扣紋飾多為凸雕的螭紋，或為鏤雕的鶻捉天鵝圖案等。

 426 元代玉押有何特點？

元代龍紐玉押

唐宋以來，押記與押印逐漸興起，成為印章中的一種主要品類，玉製的押印稱為玉押。但玉押的實物始見於元，元代百官多不能執筆畫押，就以象牙、木刻而印之。而玉押只有一品以上高官由朝廷特賜方可使用。

明 清 玉 器

 427 如何認識明代玉器？

明早期皇帝獨攬大權，但是在宣德以後，皇權開始削弱，內閣與宦官之間開始了權力爭奪，此後始終處在內亂頻仍、外患迭起之中。但是明代經濟文化在中國歷史上卻屬於較發達階段，工商業高度發達，民間變得富裕，因此玉器在明代得到了進一步發展。這一時期的玉器，逐漸擺脫了兩宋以來形成的形神兼備的藝術特點，形成了追求精雕細琢裝飾美的藝術風

金蓋托白玉碗

格，並且在經濟、文化發達的大城市中都開有玉肆，最著名的碾玉中心是蘇州，同時也出現了「水凳」等先進工具。這一切都促使玉器產量進一步提高，品質也更加精美。明代仿古玉器也十分豐富，傳說清代的乾隆皇帝也曾被明代仿古玉欺騙過。

428 明代玉器總體風格有何特徵？

明夷螭紋玉璧（正面）

　　明初玉器風格繼承宋代、元代遺風，做工嚴謹而精美，造型粗獷渾厚，多以人物、動植物、器物為題材。明代中期的玉器趨向簡略並形成了南、北兩種風格。北方以北京所作的玉器為代表，大多器形渾厚，刀法粗獷有力，有「粗大明」之稱。南方以蘇州製作的玉器為代表，講究工藝技巧，所製玉器精巧玲瓏，器形規整，出現了「三層透雕法」，又被稱為「南細工」。

　　這一時期的玉器開始顯現出明代社會的特點。明晚期，商人為了獲取高利，便用劣質玉、摻色玉等廉價玉材製造了大批假古董。雖然玉器數量增多，但精工者較少，且多與金銀寶石鑲嵌工藝結合；因此玉器也出現了商品化的趨勢。

429 明代玉器紋飾有何特點？

　　在紋飾方面，明代前期流行折枝花卉等花鳥紋樣。明代晚期，符瑞吉祥的諧音題材甚為風行，玉雕圖案出現大量民俗故事、吉祥圖形，生活化、世俗化、裝飾化成為當時玉雕紋飾的主流。

　　明代玉器紋飾盛行吉祥圖案，如松竹梅紋、雲鶴紋、麒麟紋、八寶紋等等。此外，山水人物紋及刻字也開始出現。

明金托玉爵

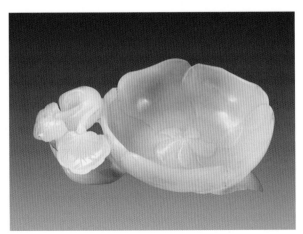
明代白玉葵花杯

430 明代玉器的主要材料有哪些？

明代玉器所用玉材主要為白玉、青玉，另外還有碧玉、黃玉、墨玉、瑪瑙、水晶、青金石等。

431 明代玉器在工藝上有何特點？

明代玉器的雕刻工藝包括鏤雕、線刻、浮雕和圓雕。雕刻形式主要有四個特點：

一是圓潤敦厚型。器形輪廓規整，手感圓滑，不見棱角，風格渾厚婉約，如南方玉器，又稱之為「南細工」；

二是粗獷曠達型。造型簡練，輪廓不加修整，線條粗獷遒勁，如北方玉器，又稱之為「北大明」、「粗大明」；

三是明代的鏤雕工藝已經達到了爐火純青的地步，出現了被後世稱為「花上壓花」的技藝，堪稱一絕；

四是在淺浮雕的地子上，往往留有實心鑽鑽過後留下的坑窪，俗稱「麻地」。此外，玉器上嵌寶石的工藝盛極一時，製作非常精美華麗。

432 子剛玉有何特點？

明代玉器工藝成就的代表首推子剛玉。陸子剛是嘉靖、萬曆年間蘇州著名玉工，也寫作「陸子岡」，當時「名聞朝野」，「可與士大夫匹敵」。其代表作品有玉牌飾、合巹杯、竹筒形杯、百乳白玉蟬、白玉印池、玉簪等。其作品飄逸脫俗，俊秀逼真，巧奪天工，又被稱為「子剛玉」。其中藝術成就最高的是玉牌飾，陸子剛製作的玉牌飾集浮雕、線刻等於一身，精妙絕倫，又被稱為「子剛牌」。子剛玉還有一個特點，就是在器底、器背、把下、蓋裡等不顯眼處，都留有「子岡」、「子剛」、「子剛製」三種刻款，有陽文或陰文，以篆書和隸書為主，且有圖章式印款。

可惜的是，陸子剛傳世的作品並不是很多，一身技藝也沒有傳人，流傳下來的多為當時或後代仿作的，僅題款就有「子剛」、「子崗」、「子網」等多種，真贋混雜，孰真孰假極難鑑別。

明青玉子剛卮

433 如何區別子剛牌和子剛款牌？

子剛玉中子剛牌仿製最多，其中又以清代民國仿品最多，人們將這類仿製的玉牌稱為「子剛款牌」。然而陸子剛的存在空前絕後，技冠古今，因此無論仿製的水準再高，「子剛款牌」與真正的「子剛牌」也有很大區別。

其一，從所處時代來看，真正的「子剛牌」反映的是明代晚期高難度淺浮雕的琢玉風格，非常精緻細膩，而清代或民國時仿製的「子剛牌款」缺乏時代風格。

其二，從題材來看，「子剛牌」多為文人佩戴的玉牌，因此其題材多表達這些人的審美情趣。

此外，陸子剛屬於民間玉雕大師，而龍鳳題材多出現在宮廷玉器中，因此在他的玉雕作品上不可能出現龍鳳題材，否則就是犯了大忌。但是現在大量流行的子剛款牌中竟有龍鳳紋的，此應是民國時期仿製的。

白玉童子紋子剛款牌

434 明代玉杯有何特點？

明代玉杯品種式樣較多，造型奇特，遠遠超過了宋元兩代的玉杯。在明代，鏤雕裝飾杯大量出現，這種玉杯一般為花形或圓形，一側或整個杯外側鏤雕有松竹等各種紋飾，並且鏤雕部分體積較大，有的超過杯的容器部分，雕琢細緻，技藝非常高。此外，明代有的玉杯置於盤式金銀托盞上，托盞上鑲嵌各色寶石，相當華美高貴。

明青玉單耳乳釘紋杯

明白玉合巹杯

435 明代玉合巹杯有何特點？

合巹巹杯是古代婚禮上新人用來喝交杯酒的專用杯子，其特點是兩杯相連，中間相

通。明代合卺杯中最為精美的是陸子剛製作的合卺杯。

436 明代玉碗有何特點？

明代玉碗有敞口、直口兩種，碗壁較厚，外壁一般飾有龍紋、魚紋、花卉紋、山水人物紋等。其中花卉紋玉碗多為明永樂、宣德時期的作品，龍紋、魚紋玉碗多為嘉靖以後的作品。

437 明代玉執壺有何特點？

明代玉執壺造型多樣，有下寬上窄或上寬下窄的細高形玉執壺、矮方壺、近似圓形的玉執壺、竹節式玉執壺、八方式玉執壺等，多為夔式柄，有八仙慶壽、松鶴壽星等吉祥紋飾。

有些壺上還雕有「壽」字，一般在壺蓋上均立雕出壽星、仙桃等裝飾。

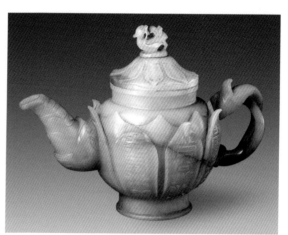

明青玉蓮瓣壺

438 明代玉瓶有何特點？

明代玉瓶多為仿古造型，口徑較大。典型器物有以下幾種：琮式瓶，這種玉瓶為玉琮樣式，方柱形，器表飾有夔紋或仿良渚玉琮紋飾；仿古瓶，形制多仿古尊或古壺，足較高，紋飾多為蟬紋及獸面紋等；蓮花瓶，這種玉瓶器表雕有蓮瓣，並且在蓮瓣上還雕有「壽」字。明代玉瓶屬於陳設器。

439 明代玉雕人物有何特點？

明浮雕八仙紋玉執壺

明代玉雕人物表現形象廣泛，有神仙、壽星、佛教人物、道教人物、劉海、高士、仙女、胡人、童子等，一般頭大、臉長、鼻小，陰線刻畫細部。其中壽星和佛教人物占了很大比例，其形態非常生動。

明代的玉雕童子多仿宋代的持荷童子，但造型變化較多，衣紋刻畫更加細緻。

明青玉菩薩

明白玉鱉魚花插

440 明代玉雕動物有何特點？

明代圓雕動物數量、種類很多，形體也比較大，頭部較小，棱角較多，肌肉強勁，形態豐滿，並且細部也仔細雕琢，力求逼真，風格寫實。明代玉雕動物常見的形象有龍、鳳、蟒、鶴、鹿、虎、獅、牛、馬、兔、羊、猴、飛魚、鴛鴦、蝙蝠等，且寓意吉祥。

441 明代玉璧有何特點？

玉璧作為禮儀玉器在唐代以後幾乎絕跡，但是到了明代，在「法先王」的思想影響下，相當一部分仿古玉璧作為禮儀玉器再次出現在各種禮儀活動中。因此明代玉璧的數量比唐宋元要多，多用青玉、白玉製成。其主要有兩種形式：一是一面淺浮雕螭虎紋，另一面雕仿戰國時代的穀紋、雲紋或臥蠶紋；二是根據古文獻記載中的玉璧式樣加以仿製，璧的兩面均飾有仿戰國、漢代的穀紋、雲紋或臥蠶紋，然後在璧體的邊沿外增加其他裝飾。

此外，明代開始出現了八卦紋飾的玉璧。

442 明代玉圭有何特點？

玉圭是明代極為重要的禮器，《明史‧輿服志》記洪武「二十六年更定，袞冕十二章……圭長一尺二寸」，「永樂三年定，玉圭長一尺二寸，剡其上，刻山四，以象四鎮之山，蓋周鎮圭製，異於大圭不琢者也。以黃綺約其下，別以囊韜之，金龍紋」，「嘉靖八年……乃定制……玉圭視鎮圭差小，剡上方下，有篆文曰『討罪安民』」，「皇后冠服，玉谷圭，長七寸，剡其上，琢谷文」，「後太子妃冠服……其玉圭、帶綬、玉佩俱同王皇妃」，「親王冠服，洪武二十六年定……玉圭長九寸二分五厘」，「親王世子冠服，永樂三年更定，玉圭長九寸」。可見當時的玉圭使用是很多的，

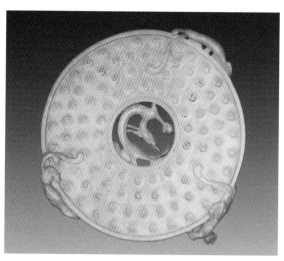

明九螭紋玉璧（背面）

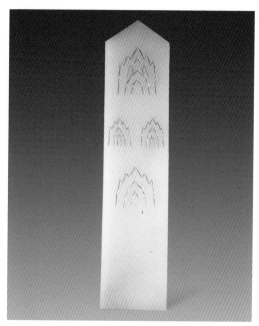

明陰刻塡金五岳紋玉圭

其形制、大小、用途都有嚴格規定。從考古發現的玉圭來看，明代玉圭以上端呈三角形的長方形玉片為多，紋飾主要是穀紋、山形紋、弦紋等，此外還有一部分素圭。

 443 明代玉佩有何特點？

明代玉佩造型式樣繁多，是官吏冠服制度中不可或缺的重要組成部分。主要典型器形有以下幾種：瓣形玉佩，花瓣式，圓形，片狀，邊緣呈八瓣、六瓣，多為菊瓣；方形玉佩，以對角線為軸，鏤雕四組紋飾，邊緣圓潤；玉牌子，呈長方形，其製作和紋樣刻畫多借鑒晚明繪畫形式，故在有些玉牌子上還有名人詩句，明代玉牌子以陸子剛製作的最為精美。此外，明代還流行玉組佩。

明仿古龍鳳紋佩

 444 明代玉組佩有何特點？

春秋、戰國時期廣為流行的玉組佩在唐宋時期幾乎不見了，但是到了明代，這一華麗的佩飾重新出現了，並成為明代裝飾性玉器中的代表，其佩帶也有非常嚴格的規定。據《明史·輿服志》記載，皇帝使用的玉組佩有「玉佩二，各用玉珩一，瑀一，琚二，沖牙一，璜二，瑀下垂玉花一，玉滴二，瑑飾雲龍紋描金。自珩而下繫組五，貫以玉珠。行則沖牙，二滴與璜相觸有聲。金鈎二」，目前考古發現的明代玉組佩也充分證明了這一點。

445 明代玉山子有何特點？

　　玉山子在明代十分流行，題材更加廣泛，有反映道教佛教神仙故事題材的，也有反映山石、水草、樹木、禽獸、人物和樓閣的，以後者居多。這種山子場景真實、自然，有微縮景觀的效果，是明代玉器中的亮點。

明高士鹿桃紋玉山子

446 明代玉花插有何特點？

　　明代玉花插是明代玉器中較為名貴的品種之一，造型多樣，多依料而形，隨形就勢，並在花插腹部鏤雕花鳥、草蟲等紋飾。

447 明代玉帶板有何特點？

　　明代玉帶同唐宋時期結構基本一致，由玉帶板、玉帶扣、玉帶鈎組成。其中玉帶板多為長方形、方形、圓形、桃形等，有素面無紋的和帶有紋飾的。有紋飾的玉帶板，由於明代鏤雕技藝的

明青玉靈芝插

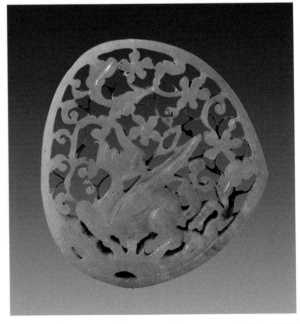

明代玉帶板

成熟和發達，與前代相比紋飾更加豐富，多運用「花下壓花」的鏤雕技法製作出多層紋飾，如雲龍紋、海水江涯紋、鹿紋、獅紋及各種花鳥蟲魚、百子圖等。到了明中期，帶有吉祥寓意的紋飾開始流行，如松鶴延年、麒麟花卉、三羊開泰、仙桃纏枝等。

　　關於明代玉帶之制，在《明史·輿服志》中有記載：「凡帝王，一品，公、侯、伯、駙馬，或皇帝特賜方可用玉帶。」這是洪武十三年對玉帶板使用資格的規定。永樂時期，規定前腰13銙，後腰7銙，第一次為玉帶板訂立了標準，人們把這種20塊的玉帶板稱為制式玉帶板。

448 明代玉帶鉤有何特點？

　　明代玉帶鉤在造型和雕刻紋樣上都延續前代風格，但也有區別。如明代玉帶鉤鉤身由琵琶形變為螳螂形，較窄，鉤鈕移位到鉤身中間，且高度變矮。到了明代中晚期，玉帶鉤的變化更大，如龍首貓形耳在明代變為合頁形耳。這種耳形到了清代都十分流行，鉤身沒有元代厚而呈片狀，鉤鈕再矮一點。紋飾紋樣也比前代豐富，在前代的基礎上大有發展，常見的有龍紋、雲紋、蟠龍紋、狩獵紋、細繩紋、靈芝紋、花卉紋、瑞獸紋。這些紋飾以刻畫紋為主，雕紋也相當多，都非常精細華美。

449 明代玉頭飾有何特點？

　　明代玉頭飾的種類很多，主要有玉釵、玉簪等。明代玉釵和玉簪分為兩類。一類為純用軟玉製作的。這類玉釵、玉簪以白玉、青玉較多，造型多樣，釵頭、簪頭有靈芝狀的，也有雕成花卉狀的，等等，釵身和簪身通透性較好，有圓形、扁圓形、扁形等，長短不一，粗細有異。還有一類釵和簪，釵身、簪身多為金質，釵頭和簪頭則鑲嵌玉石，由金、玉、寶石三種材料組成，光彩奪目。

明白玉鏤空壽字鑲寶石金簪

450 如何認識清代玉器？

　　清代是中國封建社會的最後一個王朝。清朝初期，局勢穩定，城市經濟繁榮，商業發達，出現了「康乾盛世」。這時期，玉材充足，玉雕技術集歷代大成，玉器在這一時期得到了空前發展，尤其到了乾隆、嘉慶年間，玉器數量之多、品種之全、加工技術之高、裝飾紋樣之精緻華美，這一切都促使中國古代玉器發展到了最高峰，這時期同時也是中國古代仿古玉器發展的最高峰。到了1840年，鴉片戰爭爆發，清王朝內憂外患，國家經濟嚴重

清痕都斯坦嵌金絲花紋玉瓶　　　　　　　　　　　　清痕都斯坦石榴玉瓶

受挫，新疆玉貢完全停止，宮廷玉器日漸衰落，
有時甚至停止碾製。地方大城市的玉肆，也因原
料不足及經濟衰退而逐漸衰落。特別是太平天國
起義，戰火遍佈全國十多個省市，從此之後清代
玉作就再也沒有繁榮起來了。

451 清代玉器有何特點？

清代玉器製作精美，其玉雕技術繼承了歷代
琢玉工藝的精華，同時善於借鑒繪畫藝術、石雕
藝術、工藝美術的成就，又吸收外來藝術的一些
先進因素。因此，這時期的玉器在工藝上有著極
強的時代特點和較高的藝術水準，比如玉山子、
玉甕、玉屏風等陳設品，可以說是中國古代玉器
精品之中的精品。

清大禹治水玉山

清代玉器在造型風格上給人以一種新的感
覺，造型以圓雕為主，片形器次之。此外，除繼承傳統器形的特色外，清代還出現了一批
頗具特色的仿生、仿建築題材的作品，代表了清代乃至中國古代玉器的最高成就。

452 清代玉器常見器形有哪些？

清代玉器的主要品種有陳設性玉器、裝飾性玉器、生活用具玉器、文房用具玉器、吉
祥和禮儀用玉器、宗教用玉器及仿古玉器等等。其中，陳設性玉器有仿青銅器的仿古器

皿，還有玉山子、玉屏風、玉擺件等；裝飾性玉器以玉佩飾的種類最為豐富，有朝珠、翎管、手鐲、戒指、帶鉤、玉簪等；宗教用玉器有玉佛、玉念珠等。此外還有各種玉質的生活用具玉器，文房用具玉器也非常豐富。

清代仿古玉器主要是仿禮器、古佩飾玉、古陳設品等。

453 清代玉器在工藝上有何特點？

清代是中國玉器製作史上的空前繁榮時期，尤其是乾隆時期，雕琢精細，紋飾繁縟，風格多樣，集歷代技法之大成，因而清中期玉器也被稱為「乾隆工」。

清代玉器借鑒當時繪畫、雕刻、工藝美術等方面的工藝技巧，將傳統的陰刻、陽線、平凸、隱起、俏色、浮雕、半浮雕、鏤雕技藝發揮得淋漓盡致，做工嚴謹，即使一些次要部位也是一絲不苟，非常精美。同時清代玉器吸收了外來的一些藝術形式，如西番作玉器。

清代是我國古玉器發展的最高峰，其紋飾在繼承傳統的基礎上，除仿古紋飾外，新創百子圖、九老圖、耕織圖、竹林七賢、鳳穿牡丹等紋飾，並出現了御製詩及各種銘文。

454 清代玉器所用的玉材有哪些？

清代玉器所用的玉材主要有和田玉和葉爾羌玉，數量最多的是白玉和青玉，另有碧玉、黃玉、墨玉等。清朝初期，翡翠的大量傳入是中國玉器製作史上的一件盛事，開闢了玉器製作的新領域。到清朝後期，翡翠上升到玉料的最高地位。

此外，水晶、碧璽、芙蓉石、綠松石、瑪瑙、青金石等也被大量使用。

清青玉番人戲象

清乾隆翡翠雕花卉紋葫蘆形鼻菸壺

古玉 玉器家族篇 ※ 181

455 什麼是痕都斯坦玉器？

痕都斯坦玉又稱「印度玉」或「莫臥兒玉」，乾隆二十四年（1759）傳入中國。

清代所說的痕都斯坦，大致位置在今印度北部、巴基斯坦大部和喀什米爾一帶。痕都斯坦玉是清軍平定回部叛亂之後作為戰利品帶入清宮的。乾隆皇帝對這種外來品愛不釋手，甚至認為聞名天下的蘇州玉雕也沒有痕都斯坦玉精美。他一方面到處搜尋痕都斯坦玉，一方面在造辦處專設仿痕都斯坦玉的工種，時稱「西番作」。這些仿痕都斯坦玉器也是清代玉器的主要類型之一，典型玉器有碧玉菊瓣盤、青玉茄式洗、白玉葉式杯、白玉雙環碗和青玉雙耳碗等。

清痕都斯坦活環菊花洗

清仿痕都斯坦白玉錯金嵌寶石碗

456 痕都斯坦玉器有何特點？

痕都斯坦玉器造型紋飾充滿濃郁的西域氣息，玉材與和田玉相似，多呈青色，玉雕採用獨特的水磨雕琢。玉器造型多仿照捲起或開放的花、果、葉等形狀，實用玉器較多，主要有杯、碗、匙、盤、盒、壺等。紋飾以植物為主，動物很少，只見羊類紋飾。痕都斯坦玉器皿瑩薄如紙，紋飾多採用平面淺浮雕，碾磨細潤光滑，不留痕跡。

北京故宮博物院收藏的許多痕都斯坦玉器上都刻有銘文，其內容主要是一些詩詞和年款，這些都是進入清宮後由造辦處玉匠琢刻的。

457 乾隆時期的玉器有何特點？

乾隆皇帝對玉十分喜愛，加上玉材比較豐富充足；因此，這時期的玉器數量品種都很多，而且幾乎件件是精品，雕琢都十分精細。其線條的刻畫更是到了出神入化的地步，線條平直圓潤，角度規整勻稱，轉折流暢自然，都是一氣呵成，結合綿密，絕無斷刀或續刀的接痕和毛碴。乾隆時期所有玉器的表面拋光非常精細，器表光潤細膩，大多呈現出脂肪狀或蠟質光澤。

御製碧玉獸面活環蓋瓶

清雙螭玉璧

乾隆時期御製玉器的器底或沿口一般都加琢乾隆皇帝的年號，字體篆、隸、楷三種皆有，多為陰文，罕見陽文字體。「乾隆年製」、「大清乾隆年製」最為常見。若是仿古玉器則多琢「乾隆仿古」、「大清乾隆仿古」，「仿」字有時寫作「倣」字；若是前期入貢的痕都斯坦玉器，則常加琢「乾隆御玩」、「乾隆御詠」、「乾隆珍玩」等款。

 458 清代玉璧有何特點？

清代統治者崇尚古制，在一些規模較大的祭祀、朝覲、大典活動中經常用到仿古玉璧、玉琮、玉圭等玉禮器，這些玉器也作為陳設品和裝飾玉，用於賞玩。

清代玉璧玉材以青玉和白玉為主，或仿漢代，或仿戰國，器形小，璧身較厚，孔較小，主要品種有蒼璧、穀璧、蒲璧等，其紋飾既有仿製古代的穀紋、蒲紋、蟠螭紋、龍鳳紋、雲紋等，也有帶有時代特點的花草紋及含有吉祥寓意的動物紋等。除傳統的玉璧形制外，還出現了中間帶活環套的雙聯璧。

 459 清代玉圭有何特點？

清代玉圭主要有三種，一種為尖狀圭，第二種為成組的圭，第三種為仿古玉圭。清代流傳下來的玉圭中以仿古玉圭最多，是仿照新石器時代或商代的玉圭所製，這類玉圭一般還有題款，如在乾隆時期製作的仿古玉圭上，不僅題有「乾隆年製」的款識，而且有「地字二號」、「元字三號」、「洪字七號」、「火字七十五號」等順序號。

460 清代玉山子有何特點？

清代是玉山子的鼎盛時期，還出現了超大型的玉山子，如大禹治水玉山、葉爾羌玉「秋山行旅圖」玉山等，工藝水準很高。

清代的玉山子造型多樣，有圓形、橢圓形、長方形、扁方形等。清代玉山的製作受當時畫風的影響很大，玉山上的山巒、小橋、流水、竹林、人物、仙鶴、麋鹿等各類形象的佈局講究均衡、穩重，層巒疊嶂，意境清淡，用刀平穩，雕琢十分精細。另外，還有一種小型玉山子，多作文房內的擺設用具，用整件樹木、瓜果、動物等作為題材雕琢，形式新穎精巧，有著鮮明的時代特點。

清會昌九老圖玉山

461 清代玉插屏有何特點？

玉插屏在清代非常盛行，存世作品很多。從造型上看，玉插屏的玉石板多為圓形、橢圓形、長方形、正方形等等，紋飾圖案一般較大，有浮雕山水、花卉、人物、奇石等紋樣，單獨的圖案不多，多大型組合圖案。還有的玉插屏是把名貴古玉直接鑲嵌在屏座內。

462 清代玉如意有何特點？

清代的玉如意數量很多，造型多為長條形和曲折形，側面呈S形，一端是翹起的如意頭，中間是適宜手握的柄。清代玉如意雖然基本造型和前代差不多，但其如意頭造型卻多樣，主要有靈芝形、雲形，柄主要有微曲形、曲折形、弧形、平直形，多

清黃玉三陽開泰插屏

清銅鍍金累絲三鑲綠玉如意

清青白玉五子登科

清白玉佛像

段曲折形等等，細部特點變化十分豐富，上面雕琢有精美紋飾，淺浮雕和刻花紋都有，有些還相互交叉使用。在清代，還有一種三鑲玉如意，即以紫檀、琺瑯、金銀等材料作柄，柄首、腰、尾均嵌鑲玉飾，珠聯璧合。

 463 清代玉雕人物有何特點？

清代玉雕人物作品中，以壽星、童子、仕女最為多見。其中又以玉雕童子造型更為典型，更為生動，一般臉部五官比較寫實，但動作比較誇張，表情十分豐富。

清代玉雕童子常見的有兩童子嬉戲、童子戲蓮、童子受教、童子獻寶、童子祝壽等，寓意吉祥，具有社會性與民俗性。清代玉雕人物有些用作陳設觀賞，而作為佩飾的玉雕人物形體比較小，為片狀。

 464 清代玉佛像有何特點？

清代玉佛像的造型規整，種類繁多，多為圓雕作品，最典型的形象是玉觀音、玉達摩、玉彌勒、玉羅漢、送子觀音等。這些形象雖然基本比較固定，但並非僵化，很多玉佛的細節特點有些變化。比如玉觀音，有的玉觀音是站姿，有的是坐姿，也有的是臥姿。這些不同姿勢的玉觀音表情也不一樣，衣帶和雕琢方法也不盡相同。清代玉佛像除了用作膜拜造像外，也有部分用於陳設觀賞，而一些小型的或作玉佩或作玉墜。

 465 清代玉雕動物有何特點？

清代玉雕動物數量很多，在造型、紋飾、寓意等各方面有了很大很深的變化。如象徵

吉祥的傳統動物題材龍、鳳、麒麟、辟邪等神鳥異獸，這時期仍舊十分豐富，並且更善於捕捉動物瞬間的神態，玉質也較精。

另外，一些新的寓意吉祥的家畜、家禽等動物形玉雕漸漸增多，風格多豐滿肥碩。而玉龜、玉兔等玉雕數量明顯減少。清代玉雕動物有些用作陳設觀賞，也有相當部分作為佩飾，造型種類很豐富。

清鑲寶石鴛鴦壺

466 清代玉扳指有何特點？

玉扳指在清代很流行，但基本沒有了實用功能，僅作男性裝飾玉。清代玉扳指有以下幾個特點：從玉材上看，除了傳統的軟玉製作以外，清代還出現了相當多的翡翠玉扳指，瑪瑙、水晶、琥珀扳指也比較多；從造型及做工上看，清代玉扳指的圓度比較規整，器表拋光比較好，光澤柔和；從紋飾上看，清代玉扳指線條流暢，剛勁挺拔，週邊多雕琢成浮雕紋飾，有狩獵圖、宴享圖、丹鳳朝陽圖等，有的刻「古稀天子」、「萬壽無疆」等字樣，有的還琢有詩文、山水畫等紋飾等等。

清乾隆御題詩青白玉扳指

467 清代玉簪有何特點？

玉簪是清代婦女的主要頭飾，種類繁多，數量龐大，主要有兩種形式：一種為一端捲起的寬扁條狀，稱為「扁方」，是滿族婦女梳旗頭時所插飾的特殊大簪，均作扁平「一」字形；另一種為細長圓錐狀，常裝飾有繩紋狀、花卉形等紋飾。雖然玉簪的基本形制相同，但其簪頭造型很多，有蘑菇形、鳥首形、龍首形、鳳首形、人物形、花朵形、花瓣形等等，多為鏤空雕琢。還有的發簪用金銀製成，簪頭鑲嵌寶石、玉石等。

468 清代玉花插有何特點？

清代玉花插的形制多為樹樁式，並用鏤雕、透雕、高浮雕手法琢磨出樹枝、樹葉、花鳥等紋飾，結構複雜。另外，還有梅花形、玉蘭形、蓮花形、靈芝形、白菜形、雙魚形等

形式，多為常見的動物、植物形狀，刻畫生動，立意完美。清代玉花插玉質細膩，除了軟玉製品，翡翠製品也有。翡翠質地的玉花插色彩瑰麗，一般為純色，但有的綠中帶白，白中帶青，是清代玉器中的精品。

469 清代玉鐲有何特點？

清代玉鐲在造型上講究規整，以圓形為多，也有部分扁形或扁圓形，與傳統玉鐲沒什麼區別。在紋飾上，清代玉鐲多光素無紋，有紋飾的也是比較簡單的刻畫，有雲紋、龍紋、花卉紋等。清代玉鐲的亮點在於數量特別多，玉質特別好，出現了大量翡翠玉鐲。

470 清代玉串飾有何特點？

碧玉魚龍戲珠花插

清代玉串飾種類比較多，有朝珠，有手鏈，有佛珠，也有將各種玉飾用玉珠分開用絲線串聯起來的小型串飾，美其名曰「雜寶串」或「多寶串」，等等。

清代最精美的玉串飾為十八子手串，用十八顆圓珠串連而成，故名，是佛珠的一種。此外還有二十七顆，五十四顆，一百零八顆的，是誦經念咒時計數用的。

471 清代生活用玉有何特點？

清代生活用品玉器主要為玉杯和玉碗等等。玉杯和玉碗等生活用品出現的時間較晚，直到明代才開始大量製作。到了清代，優質的玉材被源源不斷運到北京、蘇州、揚州等玉器製作中心，琢玉的工藝進一步提高，玉製生活用品開始大量出現，達到玉杯、玉碗等玉製生活用品的製作高峰。

472 清代玉碗有何特點？

清代玉碗有宮廷製作的玉碗、民間製作的玉碗和仿痕都斯坦風格的玉碗。宮廷玉碗精美異常，尤其是乾隆時期的玉碗更是精品，琢製工藝精益求精，鏤雕、透雕、高浮雕、活環等多種複雜的技法都被運用到其中。紋飾繁縟華麗，有龍鳳紋、花卉紋、花果紋、動物

清乾隆翡翠龍紋杯盤

清詩配圖葵瓣形玉碗

紋、詩詞、山水紋、人物紋等，有的還雕琢有描金的御題詩。

民間玉碗數量特別多，以實用為主，對材料的選擇不夠嚴格，造型簡潔樸素，大多光素無紋，有紋飾的也以福壽紋等吉祥紋為多。

仿痕都斯坦風格的玉碗也是這時期的精品。

473 清代玉杯有何特點？

清代玉杯式樣很多，有高足杯、荷葉杯、斗形杯、鐘式杯、單柄杯、雙耳杯等，大多用白玉、青玉製成，也有用翡翠、碧玉、瑪瑙等製成的，大多數帶有盞托。其中，以單柄杯和雙耳杯較多，單柄杯一般為螭龍柄，雙耳杯則有雙龍耳、雙花耳、雙童耳等，也有變形的雙夔耳。此外，清代還有許多仿古玉杯。

474 清代玉船有何特點？

清代玉船有的較為簡單，如獨木舟一般；有的較為複雜，有篷，人物搖槳，船上載有象徵吉祥或財富的物品。有的在船上雕琢眾多的人物形象，如八仙等。有的更加複雜，有如一個模擬模型，整個船體造型規整，船上雕樑畫棟，十分逼真。還有的乾脆雕琢成船形山子，上面不僅有山林、花草、流水、樓閣，還有人物、動物等。清代玉船以立體雕琢為主，還結合鏤雕、圓雕、浮雕、淺雕等多種技法，雕琢細膩精緻，有些船上人物衣紋的線條都非常細緻流暢。因此，玉船是一種非常具有觀賞性的陳設擺件。

475 清代玉筆洗有何特點？

玉筆洗是清代文房用具中較為豐富的玉器品種，數量較多。清代玉筆洗繼承前代傳統，但又有新發展。在造型上有鉢形、碗形、盒形、荷葉形、海棠形、各種花形、動物形等；在紋飾上，清代玉筆洗以有紋飾的居多，並且其紋飾以適應造型為主，多為刻畫紋，

常見的有龍紋、線條紋、植物紋、動物紋等；在玉材上，清代玉筆洗多用和田玉琢磨而成，玉色多為白、青綠、碧等。

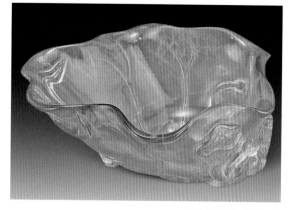

清水晶荷葉筆洗

476 清代玉筆管有何特點？

玉筆管是清代玉製文房用具中的代表品種，選料精良，以上好的和田白玉為主，從造型上看與通常的竹筒筆管沒有什麼區別。玉筆管多為圓筒形，細長，有的實心，有的空心；但也有一些呈不規則形的，如竹節形玉筆管、扁形玉筆管等等。

477 清代玉筆筒有何特點？

清代玉筆筒數量很多，基本造型為筒形，多仿竹筆筒；但也有一些改變，有些玉筆筒呈四方形，有的玉筆筒如正圓形杯子，等等。從紋飾上看，清代玉筆筒多結合玉色和造型來裝飾紋樣，如用青玉製作的玉筆筒，將筆筒做成竹節狀，刻畫一些竹節紋、竹葉紋、竹枝紋等。玉筆除了實用功能外，也具有很強的陳設觀賞性。因此，有的玉筆筒雕琢十分細膩。

紋飾複雜的玉筆筒有些用浮雕手法琢磨出表現園林景致、山水漁樵、文人雅士、植物花卉的情景，如歲寒三友圖筆筒、觀瀑圖筆筒、狩獵圖筆筒及春夜宴桃李園筆筒等。還有的玉筆筒在筒外琢有山水詩文，更體現了文人的風格，有很高的藝術性。

478 清代玉鎮紙有何特點？

清代玉鎮紙相比前代而言，造型最多，常見的有瑞獸形、葉子形、花卉形、各種動物形等等。清代玉鎮紙紋飾也比前代豐富，如線條紋、海水紋、水波紋、竹節紋等，雕琢精細，因此，清代玉鎮紙多作觀賞把玩之用。

479 清代玉硯有何特點？

清代玉硯造型多樣，除了傳統的「鳳」字形硯外，還有各種動物形硯、花卉植物形硯，如桃形硯、雙龍硯、龍珠硯、臥鵝式硯、鳳背硯等等。

清代玉硯做工精細，多運用雕琢、刻畫等手法對玉硯作全方位裝飾。相比普通硯臺，

玉硯以精美的玉質和裝飾性取勝，是一種高雅的賞玩玉器。

480 清代玉硯滴有何特點？

玉硯滴在清代十分流行。清代玉硯滴以圓雕造型為主，有橢圓形、圓形、動物形、花卉形等等，題材多樣，各種動物、各種植物、神仙人物、童子、仕女等等都有表現，此外還有一些吉祥如意題材，如年年有餘、喜事連年紋等。

481 清代玉鼻煙壺有何特點？

玉鼻煙壺以清代最多，特別是乾隆時期，由於和田玉出產充足，並且翡翠也大量使用，這些都是製作玉鼻煙壺的優質玉材。因此清代鼻煙壺玉質優良，溫潤細膩。清代玉鼻煙壺有素壺與花壺兩種，花壺中又有俏作的。

造型多樣，有折方、宮燈、荷包扁、醬瓜扁、葫蘆、子母葫蘆、瓜棱，以及各種動物形等，小巧精美，生動可愛。做工上因材施藝，陰刻、浮雕、鏤雕並用，隨形而琢。可以說清代玉鼻煙壺是我國古代玉器中最精美的品種之一，曾有人評論道：「小小鼻煙壺，集歷代文化藝術精華於一壺，沒有一項中國藝術工藝能集這麼多工藝變化於一身。」

482 清朝官職等級與寶石有何關係？

清王朝取代明王朝之後，推行了等級森嚴的九品官制，並以不同的寶石製成帽頂區別：一品官帽頂為紅寶石；二品官帽頂為珊瑚；三品官帽頂為藍寶石；四品官帽頂為青金石；五品官帽頂為水晶，一般多用紫水晶或茶晶；六品官帽頂為硨磲；七品官帽頂為素金；八品、九品都用鏤花金頂。

去偽存真篇

483 人工處理過的綠松石的鑑別方法有哪些？

人工處理綠松石的方法有染色與注入石蠟、石蠟油、塑料等。

對綠松石染色鑑別的方法為：在不太顯眼處滴少許氨水，苯胺染料就會被氨水漂白。

綠松石注油、注蠟的鑑別方法為：把熱針靠近，但不觸及寶石，放大鏡下能看到熔化、流動的石蠟或油。

綠松石注入塑料的鑑別方法為：熱針觸及寶石表面，注入塑料會發出難聞的氣味。

玉髓染色後呈玻璃光澤，透明度好，折光率1.54，濾色鏡下觀察呈粉紅色。人工合成綠松石為天藍色，顏色均一，50倍顯微鏡下觀察可見球狀結構。

綠松石山子

484 鑑定古玉需要掌握哪些能力和知識？

古玉辨偽是一門非常複雜、嚴謹的大學問。因此，古玉愛好者和收藏者要想提高自己古玉鑑賞和辨偽的能力，必須不斷收集、學習相關知識，除熟讀中國玉器史外，還應熟讀中國通史、中國工藝美術史，研究中國的青銅、陶瓷、書畫等藝術；同時還要大量觀摩和研究實物，多留意考古發現，多進行 真品或贗品比較研究，多向治玉工匠、玉器鑑定專家請教，等等。

485 為什麼說紋飾是古玉辨偽的重要依據之一？

中國古代玉器的紋飾豐富多樣，不同歷史時期的玉器，其紋飾在構圖上、造型上及表現題材等方面上各有特點。無論在哪個歷史時期，有什麼樣的文化風格，就有什麼樣的紋飾盛行。

由此可以說，我們可以從一件玉器紋飾的雕琢上找到它的歷史及文化內涵。所以，無論是鑑定出土玉，還是傳世仿古玉，紋飾都是重要依據。

486 如何透過不同時期的紋飾特點來鑑定古玉？

紋飾是古玉辨偽的重要依據之一，因此，紋飾常常被人們作為玉器斷代的一個重要標準。比如說，一件偽造玉器，通常在光素舊玉器上雕琢紋飾以冒充古代某時期的玉器。因此，在鑑定這種改作的偽玉器時，要從刻紋處與沒有刻紋處原表面沁色和新舊程度上入手，作全面考察，瞭解真品所在時期的紋飾特點，不要忽略每一個細微之處。如果這件玉器刻紋處色新，而沒有刻紋處原表面色舊，或者所刻紋飾也與當時紋樣不符，那它就是仿製的。

紋飾簡單的紅山文化玉鳳

487 如何鑑定古玉？

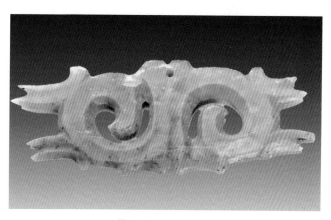

具有時代特徵的紅山文化勾雲形玉器

鑑定古玉可以從以下幾方面入手：

（1）掌握時代風尚和作品風格。由於受政治、經濟、文化等各方面的影響，每個時代都有自己獨特的風尚和時代特點，因此這也會反映在玉器上。只要掌握玉器各個時代的風格和發展演變脈絡就能辨明某種器物產生的上限和被取代的下限，從而有效辨偽；

（2）從器形上看，每個特定的時代都有特定的器形，相同的器形在不同的時代也有其獨特的時代特點，因此，可以從某時代該器形具有的特點來判斷真偽；

（3）從紋飾上看，前已敘述，紋飾是古玉辨偽的重要依據之一，因此，紋飾常常被人們作為玉器斷代的一個重要標準；

（4）從工藝上看，一塊玉必須經過多道工序才能成為一件玉器，琢治時的鋸片、鑽孔、雕琢等加工情況也是判斷古玉真偽的重要標準；

（5）從種類上看，由於時代的不同，玉器在種類上也不盡相同，因此，也可作為古玉辨偽的一個標準；

（6）從玉材上看，不同時代也有不同的玉材，不同玉材製作的玉器價值也不相同，

因此能夠識別玉材是古玉辨偽的前提條件，同時也要辨別玉材的真假；

（7）從玉色上看，不同的玉材有不同的玉色，不同時代的玉材所製作的玉器由於存世時間或出土時間的早晚，又會出現不同的玉色。此外還要注意玉器的沁色，這也是辨偽的一大要點；

（8）從文獻中求得印證。例如研究漢代從葬玉衣，從其淵源上看，春秋、戰國時代的綴玉面幕，發展到兩漢的金縷玉衣、銀縷玉衣、銅縷玉衣，直至玉衣的消亡，魏文帝禁止「珠襦玉匣」從葬，都找到了文獻依據，從而對玉衣的斷代得出令人信服的結論。

明代穀紋玉圭

488 如何從工藝痕跡鑑定古玉？

古代玉器一般由手工或半手工製成，而近代或現代的一些偽古玉多為機械化製作，因此真古玉與偽古玉在工藝痕跡上有很大區別。

如新石器時代的鑽孔多為喇叭狀、蜂腰狀，孔壁可見粗細不等的螺旋紋，而機械孔壁則較規整，其螺旋紋也比較細密均勻。這是穿孔鑑定的重要方法。往往這種工藝痕跡必須用放大鏡才能觀察鑑定。

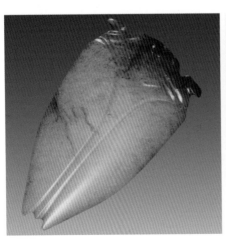

漢代玉蟬

宋代仿古玉海水雲龍紋簋

489 如何從氧化程度上鑑定古玉？

　　玉器的氧化是指玉在各種自然環境下與空氣、水及其他物質所產生的化學變化。從礦物學角度上看玉器，它的質地緻密程度是不同的，也夾雜一些其他物質，在長時間的化學作用下，質地弱的部分，特別是玉器表面可出現不同程度的侵蝕形成的小孔洞，有的口小腹大，在放大鏡下可觀察到孔內的化學變化形成的閃亮結晶體，這一點是目前任何方法都不能偽造的。

　　再一種是氧化情況較重，通常在玉器表面鈣化形成白斑，程度輕重不一，但自然地覆蓋在玉器局部或全部，程度輕的，表面仍有光澤，嚴重的則侵蝕成粉末。重要一點是：玉薄弱部位通常氧化較重，火燒假玉器就不這樣。此外，有個別作偽者利用天然氧化成的玉料作成器，這須從加工痕跡上看氧化是否具有普遍性。

490 青海玉與和田玉有何差別？

　　青海玉也屬軟玉，因市場價格比較低，常常冒充新疆和田玉；但是青海玉與傳統的和田玉還是有一些區別的。

　　青海玉呈半透明狀，比和田玉透明度要好，質地也比和田玉稍粗，比重比和田玉略低，質感不如和田玉細膩，缺乏羊脂玉般的凝重感。青海料顏色也稍顯不正，常有偏灰偏綠偏黃色，也多有黑白、黑黃、綠白、綠黃相雜的玉料而被用作巧色。

　　青海玉基本都是山料。總之，青海玉水分重，透度高，油性差，細小鬆散的點狀雲絮狀結構是它的典型特徵。

　　玉質裏面經常可看見有比兩側玉組織更為透明的玉筋，又稱「水線」。盤玩一段時間後顏色會發灰，發暗，上機器磨雕時脆性大，易崩裂。成品有毛玻璃的感覺。

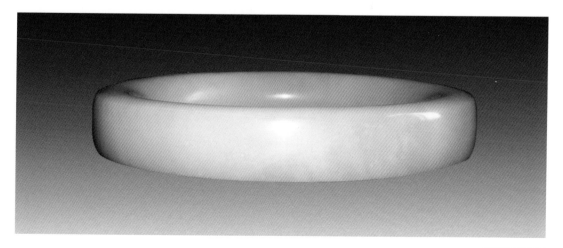

青海料臂鐲

491 俄羅斯玉與和田玉有何區別？

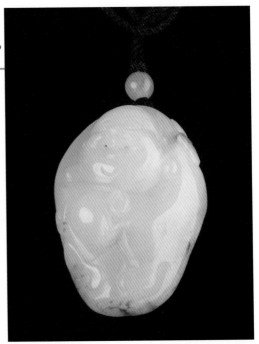

俄羅斯玉多為白色，看上去也有蠟狀油脂光澤，因此很容易冒充白玉。它的硬度和白玉一樣，故而不能用硬度來鑑別其真偽。這種玉所含石英質成分偏高，因此與和田白玉相比，質粗澀，性硬，脆性高，透明性強；經常日曬雨淋，容易起膈、開裂和變色。特別是將和田玉與俄羅斯玉放在一起加以比較：一個糯，一個粳；一個白得滋潤，一個則是「死白」。其高下之別不言自明。同時，敲擊時一個聲音清脆，一個沉悶，也不難分辨。由於晶體結構不同的關係，俄羅斯玉上機器磨雕時易起性，易崩裂。打磨出來的是充滿平板凹陷的麻皮坑打磨面。行家稱之為俄羅斯玉打磨面。

俄羅斯籽料彌勒佛掛件

新疆和田的玉龍喀什河下游產的帶皮籽玉或上游產出的山流水玉質地溫潤細膩，雲絮狀紋理短而且緻密，油性好、韌性足，給人半透明感覺，上機器磨雕時不易崩裂。籽玉打磨出來的表面潤澤乾淨，有人稱作和田玉打磨面。

492 岫玉與和田玉有何區別？

岫玉主要產於遼寧岫岩縣，屬蛇紋石質玉石，其質地、色澤、硬度和密度都與和田玉不同。目前岫玉開採量大，因量多而賤，故市場價格比較便宜。

岫玉顏色多種多樣，而白色岫玉不是很多，白色也不純正，而且玉中有棉絮狀物。岫玉由於質地細膩，有一定透明度，呈玻璃光澤至油脂光澤，所以有人常常把它做舊來冒充老的和田玉。但岫玉硬度不高，性軟，易吃刀，鑑別的最好辦法是用普通小刀刻幾下，吃刀者為岫玉，紋絲不入者為和田玉。如果身邊沒有帶刀，只

岫岩玉仿古瑞器

要細看雕刻時的受刀處即可；因為和田玉受刀處不會起毛，而岫玉則有起毛。

　　此外，岫玉手感較輕，敲擊時聲音沉悶喑啞，不如和田玉清脆。岫玉易斷裂，外表邊緣常有小的蹦茬。岫岩還產出一種透閃石軟玉，俗稱「河磨玉」，是岫玉的高檔玉種。這種玉石質地細膩溫潤，顏色有青、青白和白三種，只是溫潤程度不及和田玉，有些烏塗不透之感，與和田玉比較容易區別開來。

493　西峽玉與和田玉有何區別？

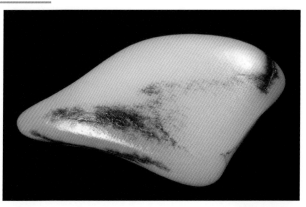

西峽玉籽玉

　　西峽玉產於河南西峽縣，礦物成分以蛇紋石為主，摩氏硬度3～5。一般來說，西峽玉比較細膩，沒有玉花，有時可見塊狀、團狀棉絮，和田白玉肉眼可以看到細密的小雲片狀、雲霧狀結構的玉花。白色的西峽玉是有點發灰的蒼白色，夾雜的其他顏色比較鮮豔，黃皮經常用來冒充籽料，皮色顯得很嫩，很均勻。西峽玉透光觀測時，顯得很沉悶，透光性較差。和田玉透光觀測時，感覺比較明亮，但又不是很透明，這是由於和田玉的內部結構比較特殊，光線在玉內發生了漫射。

　　西峽玉的硬度比和田玉稍低，摩氏硬度5～6，和田玉摩氏硬度6.5左右，玻璃的摩氏硬度為5，西峽玉雖然能刻畫玻璃，但其表面有時會留下傷痕，而和田玉絕對不會。西峽玉表面雖然很細膩，但用10倍至20倍的放大鏡觀察，就會發現有細小凹陷的麻點，而和田玉既有凹陷又有凸起，

南陽玉手鐲

有時還可看到手工打磨遺留下來的順著某一方向的紋路。

494　南陽玉與和田白玉有何區別？

　　南陽玉為斜長石類。玉石質地堅硬、細膩、純淨，具有油脂或玻璃光澤，拋光性能好，透明或微透明。南陽玉為多色玉石，常見為兩種或三種以上色調組成的多色玉，顏色

鮮豔。玉石種類有水白玉、白玉、烏白玉、綠玉、綠白玉、天藍玉、翠玉、青玉、紫玉、亮棕玉、黃玉、黃蓉玉、墨玉及雜色玉等。其中水白玉、白玉、烏白玉與和田玉有些相像。

這些所謂的白玉呈玻璃光澤，有的很透，也有半透的，手感較輕飄，整體看上去白中發烏(與發灰或煙青的青花玉全然不同)，但仔細看時又找不到「烏」在什麼地方。發暗的白玉又叫烏白玉。南陽玉溫潤度遠不及和田玉。

495 石英岩類玉石與和田白玉有何區別？

石英質玉石色白，質地較剛，外觀很像白玉。石英岩類的玉石硬度比和田白玉高，因此比白玉顯出更強的玻璃光澤，在沒有儀器檢測的情況下，可以據此分辨。

水石：

這種玉石主要成分是石英岩，其硬度較高，但脆性強，易斷裂。內部結構是顆粒狀。呈蒼白的顏色，光澤看上去較乾澀。

東陵玉：

常見的東陵玉為綠色，也有藍色、紅色、白色。產地較多，新疆產

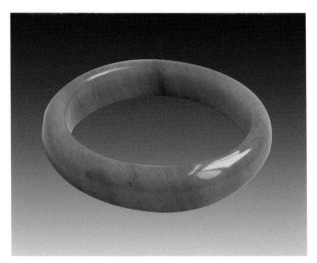

東陵玉手鐲

的東陵玉為白色，屬石英岩，粒狀結構，光澤強，比重略輕。東陵玉也常用來做玉飾品。東陵玉手鐲市場價約台幣500元至750元，小掛件150元至250元。市場上還有許多東陵玉的觀音和佛，有時綠色的東陵玉經常被用來冒充滿綠的翡翠。其他幾種與白玉相似的玉石很少用來做飾品，因為價值太低，只用來做大型雕件。

496 方解石類玉石與和田白玉有何區別？

方解石質（碳酸鹽類）玉石外觀近似白玉，例如市場上所謂的「阿富汗白玉」就是由方解石形成的玉石，其實就是一種大理石，只不過色很白，半透明。這種玉石硬度很低，普通小刀即能刻動，是不難識別的。

所謂的大理岩玉石，又稱漢白玉，顏色呈白色，硬度較低，光澤是蠟狀光澤，內部結構為水線狀、條紋狀。有的結晶顆粒較粗，肉眼都能區分出結晶顆粒之間的細小接縫。

所謂的阿富汗白玉主要來自阿富汗，結晶顆粒細小而均勻，顏色潔白，拋光後上油顯得細膩而潤澤。由於阿富汗白玉玉質細膩而光澤油潤，肉眼看不到玉花，經常被用來冒充

上等白玉或羊脂玉。辨別的方法很簡單，只要用手指甲使勁刮一下，如果能刮下一點白色的皮，就不是白玉。

497 玻璃與和田白玉有何區別？

市場通常還以玻璃等人造料來冒充和田玉，俗稱「料」。這方面的鑑別相對不是太難。一般說來，玻璃料顏色均勻，沒有自然變化，多數裏面有氣泡（有的可以透過雕工把料泡做掉），但是，玻璃料器有的也無氣泡；所以無氣泡者未必是真貨。玻璃料器質料比較純潔，不像和田玉有綿狀等自然結晶狀。

用放大鏡觀察，玻璃料的毛孔比和田玉粗得多，斷口呈亮碴貝殼狀，和田玉則呈暗碴參差狀。玻璃料的硬度低，容易吃刀；和田玉則硬度高，不吃刀。把玻璃貼在臉上感覺敏感的部位，其涼的程度低於玉。此外，敲擊時玻璃聲音沉悶，和田玉聲音清脆。

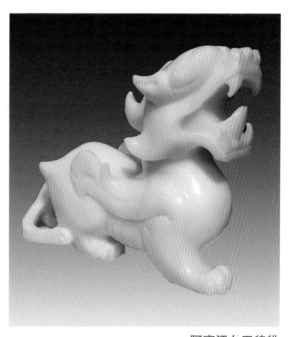

阿富汗白玉貔貅

498 現代仿古玉主要有哪些材料？

由於仿古玉器需求量大，許多種類的礦石被選做仿古玉材，如岫岩玉、獨山玉、東北黃料、河磨玉、密玉、江蘇古玉（良渚古玉）、青海玉、俄羅斯白玉、韓國白玉、帶漿帶花青白玉（新疆玉）、戈壁灘玉、青田石等等。

現代仿古玉器的製作，主要是根據玉器書籍資料。由於書上玉器圖樣在攝影、製版時的角度和色彩誤差很大，而且圖樣只有正面，少有反面，所以按圖畫樣只能仿其大概。現在講玉器的書籍中，有些「古玉」本身就是贗品，是廠家照仿製造，變成仿上仿。

499 什麼叫「古玉改作」？

古玉改作不易被識破，且能以次充好，因此，被作偽者經常使用。從古代流傳下來的古玉大件，器形完整者總是鳳毛麟角。出於各種目的，改作者儘量按原來器物的造型及紋飾改作成零星小件，或對殘器進行補整，對容易暴露廬山真面目的斧鑿之痕，重點進行染

白料仿白玉鼻煙壺

碧玉璧

色、褪光。如一塊已經破碎的玉璧，玉賈認為如果照原樣出售，大多無人問津，或即使有人願意收置，買方也不可能出高價，於是，往往根據其殘破情況改作。如缺一半，則將尚存的改作璜；如缺一小部分，則改為玦；如裏口殘缺，則磨去一層改為瑗；若是外邊殘缺，則磨去一層改為環。

至於補整也不少見，如一件繫璧破碎了，則截取完整部分而以顏色相仿的玉甚至是金銀補之。這種方法，在愛玉成癖、嗜古成風的中國很早就曾被屢屢發現。

500 什麼叫「古玉後雕」？

古玉後雕，指利用未成器形或器形不規整、雕琢不精的古玉進行加工，將素面的或一面有紋飾一面素面的古玉器，重新雕琢紋飾。素面的玉斧、玉圭、玉璧、玉璜乃至玉琮等古玉器是被較多選用的器物。利用新發現的古玉，或加工粗糙的古玉仿造古玉器，據調查，有時高達偽製器的 1/10。

501 什麼叫「新玉臆古」？

宋代開仿古之先河，所仿古玉似古非古，有時甚至是不倫不類。這在考古資料嚴重缺乏，斷代知識剛開始積累的宋代，確實是難免的。後代仿古者，包括宮廷仿製，也往往採用宋元時代的考古圖錄如《考古圖》、《古玉圖譜》等摹繪的許多古玉形狀、紋飾仿製。

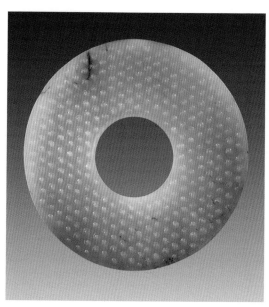

宋仿漢玉璧

拼接而成的古玉

如根據宋聶崇義的《三禮圖》中的玉璧圖仿
造古璧：刻若干株蒲席的所謂蒲紋玉璧，琢
幾棵稻穗的所謂穀紋璧，此類「傑作」早已
貽笑大方。由於此類圖錄缺乏考古依據，許
多又是「拍腦袋」發明，一些稍有考古知識
者就能明辨；但是由於時代久遠，器物本身
已成了研究仿古玉器的重要資料，也不乏研
究保存價值。由於這些仿古玉器是主觀臆造
（創造）的產物，我們稱之為「新玉臆古」。

502 什麼叫「新玉摹古」？

「新玉摹古」是指完全根據出土玉器的
形制、紋飾用新玉模仿製作仿古玉器。在這
類贗品中尤以宮廷玉匠精心仿製的玉器最難
識別。因此，必須更認真謹慎地對待。

清朝宮廷對漢代玉器的鑑定和認識極負
盛名，所仿古玉器也以這一時期為多。仿造
者從器形紋飾乃至雕琢技術都刻意模仿，甚
至能逼真地模仿出漢代玉佩上的遊絲毛刀方
法，線條若斷若續，往往使一些有經驗的鑑
定者也受騙上當。

清乾隆碧玉仿古獸面紋貫耳瓶

紅山文化勾雲形大玉佩

503 如何從氣味上鑑定古玉？

玉器埋藏環境的不同，氣味也不同，大多有墓葬味、土腥味，還有傳世味。無論是哪種氣味，有的即使刷洗也仍然有，這就是古玉的氣味辨偽。那些偽造的出土古玉不僅沒有墓葬氣味，相反有的有刺鼻的化學氣味或單純的土氣味。

504 何為古玉的「乾坑」、「水坑」？

民國時期劉子芬《古玉考》云：「玉器埋藏地中有經過數千年尚完好如初者，有不及數百年即腐爛殘缺者，蓋地氣之燥濕與玉質之酸化、作用之遲遠有關故耳。昔人分山西、陝西、甘肅等省為西土，其地出土之玉，玉質乾潔，棱角、紋理全無損蝕，最為上品；河北、河南、山東、鄂北、皖北等處為中土，其地出土之玉，表面多鏽刨，文理多模糊。然此乃指三代以上古玉而言，若東周，秦漢時舊玉，其玉質之酸化程度尚不至如此。其餘東南各省為南土，其地出土之玉多腐爛殘缺，且非文化發源地，無三代以上玉器。此外有所謂『乾坑』、『水坑』者。古代帝王陵塚大抵築成空穴，穴內有水者謂之『水坑』，其玉多蛀孔；無水者謂之『乾坑』，其玉多黴菌。又有所謂『傳世古』者，乃自昔流傳未經入土之玉。傳世古玉與經人盤熟之乾潔出土古玉無甚別異，但不能如出土古玉之多有文彩耳。」

505 為何流傳下來的高古玉多是出土古玉？

中國玉器的歷史悠久，早期的玉器能夠不埋藏地下而流傳下來幾乎是不可能的事。因此流傳下來的高古玉，完全是出土古玉。而古代玉器被埋入土中的原因主要有兩點：

其一是用作葬玉，從目前出土的玉器看，包括祭祀用的禮器、彰顯權威的兵器、裝

飾美麗的飾物和各種器皿等，幾乎所有的玉器品種都有被作為殉葬用品；

其二，戰亂之時，有些非常有價值的稀有玉器被埋藏到地下的情況也不少，許多地方發現了不少這樣埋藏的玉器。

506 古玉為何會有不同程度的傷殘？

古玉在長期埋葬過程中會遇上塌陷或滲水沖刷，並且在出土、流傳過程中亦會受到磕碰，多遭損傷致殘，尤其是高古玉完整者更少。

507 常見的人工致殘方法有哪些？

古玉界有句俗話：「天殘（缺）不算殘，地殘情可原，人殘不值錢。」人殘即玉器的人工致殘，常見的人工致殘的方法有砣碾致殘、砂磋毛道、敲擊致殘等三種。

砣碾致殘，用小型的砣子或鋼鑽在器表碾出圓形或橢圓形、深淺不一、長短不齊的點坑或線條。

砂磋毛道，即通過保留一部分粗面或拋光後用解玉砂稍加磨磋在器表做出或多或少隱約可辨的毛細劃道，像是長期流傳於世造成的摩挲痕跡。

敲擊致殘，即使用一些特殊工具輕輕敲打器身，使其傷而不脫，為掩飾斷裂面的新痕，常在這些部位進行染色處理，有些則不惜將器物敲斷。

乾坑出土的紅山文化雙聯璧

508 何為仿古玉？

仿古玉始於宋代而盛行於明清兩朝。清代的乾隆皇帝特別愛玉，也特別喜歡仿古，常詔令玉工按古玉圖譜仿三代秦漢之器或商周尊彝之器。

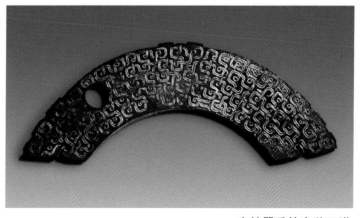

腐蝕嚴重的春秋玉璜

仿古玉的常見品種有玉鼎、玉鬲、玉敦、玉簋、玉尊、玉卣、玉觚、玉觶、玉爵、玉角、玉豆、玉釜、玉角觥、玉兕觥等。

 509 何為偽古玉？

在仿古玉出現之後，一些古玩商為了商業目的，製作了偽古玉，來冒充古玉，牟取暴利。此類玉器純屬商業產品，單純模仿前代器物，其琢製工藝粗糙低劣，或貌合神離，或臆造拼湊，是地地道道的偽作。

因此，在進行古玉辨偽時，應把仿古玉和偽古玉分開並區別對待。一般來講，仿古玉價值較高，而偽古玉則是純粹的假貨。

元青玉龍紋雙耳活環尊

 510 宋代仿古玉器有何特點？

宋代仿古玉器以仿漢代為主，也有仿製唐代的玉器。宋代仿古玉器在器物上以尊、鼎、酒器為重點，並有其他各類玉飾，如漢代玉佩、玉劍飾、玉帶板、玉璧等，形狀模擬古物，但結構要較前代複雜，給人一種似古非古、似今非今的感覺。

宋代仿古玉器的紋飾則以獸面、螭虎、雲龍捲草、勾雲、蟬紋為主，沒有那種極度誇張的饕餮紋。

 511 元代仿古玉器有何特點？

元代製作了大量的仿古玉，最有代表性的是玉瓶與玉尊，模仿的對象或是商周青銅尊的造型，或是新石器時代陶瓶的形象，為清代玉器大量仿青銅器、陶器開了先河。

512 元代仿古玉器青玉龍紋雙耳活環尊有何特點？

此器為仿古玉，青灰色，尊體扁方圓形，直頸，寬腹，高臺圈足。兩側獸面銜活環

明代仿古玉簋

明仿古蟠龍玉觥

耳，頸部「工」字紋錦地隱起雲龍紋，龍身自然彎曲，龍嘴張開，龍鬚向後披。腹部飾弦紋、夔龍紋及四組重環紋等。雕琢精緻，層次清晰，為元代罕見之陳設品。

513 明代仿古玉器有何特點？

明代仿製古玉的水準極高，當時的著名學者高濂也不由感慨：「近日吳中工巧，模擬漢宋螭玦鉤環，用蒼黃、雜色、邊皮、蔥玉或帶淡墨色玉，如式琢成，偽亂古製，每得高值！」明代仿古玉大致可以分為三種類型：

第一種，造型和紋飾完全仿自古代玉器，這類玉器對清代仿古玉產生相當大的影響。

第二種，造型和紋飾都帶有明顯的時代特點，但透過致殘、仿沁等做舊手段來偽造古玉，這類玉器在民間比較盛行。

第三種，仿古代青銅器，這類仿古玉在明代最為常見。

514 明代仿古玉鼎有何特點？

宋元時期都有仿製玉鼎的，但仿製最好的是明代仿品，造型既有商周古銅鼎的韻味，工藝又很精細，線條簡練古樸。

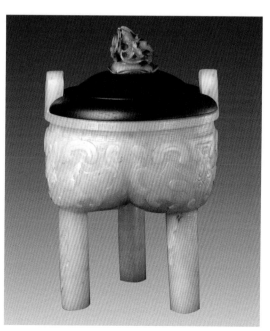

明青玉仿古獸面紋鼎

明仿古玉觚

清仿古玉豆

東漢玉翁仲

515 明代仿古玉尊有何特點？

玉尊是明代仿古玉中的一大類器皿。這一時期仿古玉尊造型各異，非常有古韻，紋飾也較簡潔，有的是按照宋人圖譜仿製的，有的是按照宋代瓷器或銅器仿製的。

516 明代仿古玉觚有何特點？

明代有大量玉觚仿製品，多用黃玉、碧玉、白玉等玉材仿製，製作較為自然、逼真，其器形、紋飾較凝練、粗獷。

517 清代仿古玉器有何特點？

清代仿古玉器仿古而不泥古，有三種類型。

其一為參照宋元明金石學著錄中的造型；

其二直接依照舊器物的造型進行仿製；

其三借用古代器物的造型，將不同時代的器形有機地融合在一起。

乾隆時期仿古玉器惟妙惟肖，達到了以假亂真的境界，將中國古代仿古玉器的水準推向了最高峰。這時期的仿古玉器多刻有「大清乾隆仿古」或「乾隆仿古」等款識。

 518 現代偽古玉如何製作？

在現代生產技術和工具高速發展的情況下，現代偽製的水準是越來越高，有時連專家也難以分辨，其具體的製作方法有以下幾種：

（1）按古玉器樣式仿製，這自古已有之；

（2）局部照古玉器偽製，這種方法自古也有之；

（3）拼接，把不同器物的局部湊到一起，組成新作品；

（4）模糊，把玉器表面紋飾做得模糊，很像古玉受蝕的樣子；

（5）加古紋飾，即在一般器物上加飾古紋飾；

（6）顏色做舊，一般為人工染色。

 519 現代偽古玉作舊方法有哪些？

現代偽古玉做舊方法主要有三種。

（1）**酸性做舊**

主要原料是氫氟酸、硝酸或硫酸等，如用含1/10的氫氟酸溶液，將器物浸泡4—10個小時，即產生了所謂白灰皮。

（2）**火燒做舊**

如先將器物塗上氫氧化鈉，再用氧化鈣（石灰）把器物裹好，放到火裏悶燒兩天，燒

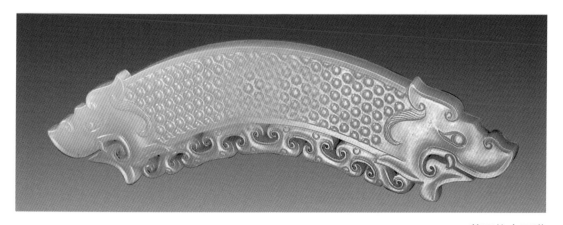

黃玉仿古玉璜

出的白色稱為雞骨白。

（3）鹼性做舊（又稱高壓做舊）

此法主要是仿新石器時代到戰國的器物，做成後器物的色及所謂皮殼能浸到較深的地方，不易鑑別。

520 何為新玉？

「新玉」是清王朝滅亡後民國以來製作的所有玉器的總稱，也稱「現代玉」。新玉的製作分為三個時期：

其一是解放前的民國時期，這時期玉器基本承襲清代風格，但也有一些適合西方人口味的玉器製品，作品趨於平庸，玉器製作設計簡單，工藝也沒有創新；

仿古青玉斧

其二是解放以後，尤其是20世紀50年代後期，我國的玉器製作行業發生重大變化，中國現代玉器進入了一個新的重傳統、再創輝煌的恢復時期；

其三即改革開放以後，隨著內地經濟的發展及與海外經濟、文化交流的加快，現代玉器品種更加繁多，工藝更加精美，可以說是達到了前所未有的高峰時期。

521 新玉、古玉的鑑定有何不同？

新玉的鑑定側重於真假玉材，質地優劣與雕工的精粗。一般來說，好的玉料僅僅是製作玉器的基礎，它的價值還是人工設計雕琢後才能最終體現出來的。玉工水準的高下又是決定玉器品位的重要砝碼，好的玉器應在用好的玉料的前提下，達到構圖精美和諧，工藝精雕細刻。撫之溫潤脂滑者為上品。而古玉的鑑定除了新玉的幾個基本要求外，還要識別玉器的製作時代，歷史上的作用，佔有者的身份，還要學會對每一種器物造型的特點（包括局部造型）的綜合分析等，而造型的獨到，往往又能左右玉器的價值。

522 古玉鑑定的原則是什麼？

鑑定古玉應該著重於兩個方面：一是辨明真偽，二是判定時代。

最主要的是前者，大部分玉器只要搞清真偽，年代自明。凡是有藝術性的，才是永恆的、有價值的，藝術價值越高，收藏價值也就越高。

523 如何認識宋代仿古玉器？

在一定的歷史時間內，人們的審美理想、審美情趣是受特定的社會生活、文化氣氛和時代精神等因素的作用和制約的，所以仿古玉的產生也必然與當時的社會環境、文化政策及社會需求有著密切的關係。

在中國歷史上，宋代重文輕武，推崇理學，同時隨著金石學的興起，人們對古物更加重視，仿古之風應運而生。雖然此時出土玉器不多，但種種跡象表明，當時的仿古玉，多取古代銅利器的造型和花紋以追三代之遺風。畫面除了獸面紋、雲雷紋、夔龍紋等，有時還夾雜一些本時代的圖案，使之相互融合並出現在一件器物上。

可見當時玉工在製作過程中似乎並未刻意作假，只是將古代的造型和圖紋，根據當時人們的審美需求進行雕琢，以滿足文人士大夫們復古的雅興。可以說，這種仿古玉應是我國封建社會後期皇家貴族、達官顯貴、文人墨客的掌上尤物，具有一定的時代特徵和美學價值。

宋白玉螭龍仿古穿心佩

宋玉雕仿古雲雷紋琮

524 如何從雕工上辨識古玉？

由於白玉開採使用歷史非常悠久，在中國，不同時代的玉器，做工也不同——紋飾不同。造型也不會相同。由此就可以判斷做工的新舊，從而推斷出作品的製作年代。

玉器的年代越久，它所蘊藏的歷史文化內涵也越珍貴，珍貴的程度往往會超過玉器本

清玉盆景

黃玉雕仿古香爐

身的價值。一般情況下，在時代玉質相同的前提下，有工的價值肯定要超過素面的很多。例如同是漢代玉器，有工的獸紋璧就要比素璧價值高。但是，人類早期曾崇尚過「大器不琢」的素面玉器，這種古玉的價值更高，也應該引起重視。

525 辨別偽造古玉的關鍵是什麼？

掌握玉器斷代技術，必須從玉料、形狀或紋飾等方面來找出偽作的破綻：

1. 從玉質上辨偽

古代玉器特別是商代以來玉器，凡貴重器物，都是用優質玉料，如和田玉、南陽玉等，如用次的玉料來製作，就很可能是假貨。

2. 從沁色上辨偽

偽造古玉者為達到古色效果，使用蒸、煮、燒、烤和酸鹹浸泡，甚至用塗繪顏色等方法偽造。但這都表現在玉器表面，與古玉自然形成的沁色有明顯差異。

3. 紋飾上辨偽

偽造假玉器者常用的一種技法就是在素面舊玉器上加刻紋飾以求高價出售。但因其雕琢紋飾與玉器非同一時代，故其刻紋處與沒有刻紋表面沁色和新舊程度是不同的，即雕琢紋飾處色新，而原器未刻表面色舊。

526 現代偽造古玉的主要特徵有哪些？

現代假古玉的製造有如下特點：

1.按照古玉器樣式仿製；

2.局部照古器仿製，略微帶有變化；

3.拼接是各類仿古器物中普遍採用的方法；

4.想像臆古，這類作品略有一點古器的意味，但帶有很大的想像成分；

5.模糊，把玉器表面紋飾做得模模糊糊，細部紋飾似有似無，很像古玉受蝕的樣子；

6.披紋，即在一般的器物上加飾古代紋飾；

7.重色，即仿古玉做舊時，一般都進行人工染色；

8.特型，即體積超大或構圖複雜的作品較常見，有很強的特殊感。

另外，在鑑定古玉時，要特別注意識別玉料的質量。俗話說：「好玉不做舊。」原因之一是舊玉中好玉非常少，仿之工大價格高。其二，好玉不易沁色。蝕染的色是浮色，浮在表面，沒有舊意。所以一般好玉不做舊。做舊的玉中次玉為多，有綹裂或含雜質的玉質地粗糙，軟硬不均，蝕變的沁色深淺不一，可深入內部，有與古玉同樣的沁色效果。

西周鳳紋玉刀

 527 如何識別修復過的玉器？

識別一件玉器是否經過修復，關鍵在於細心觀察。修復過的玉器除了極個別的以外，總會留下蛛絲馬跡。有些破損的部分比較明顯，一看便知是修復過的，如金玉鑲嵌，被金鑲去的部位肯定有殘缺，這是明眼人一看就明白的；有些缺損的部位正好比較巧，再加上修復者的巧妙構思，基本或完全掩飾和彌補了原件的不足，如有些一分為二和重新修整過的玉器，即使把它們當作「原璧」對待也不會吃虧到哪裏；最難的是那些經過黏合、填補和新補的玉器，稍不留意，就會從眼皮底下滑過去。

一分為二或重新修整過，但又不是完全天衣無縫的玉器，如果當「完璧」購藏，也會叫人懊喪不已。因此，看玉器一定要仔仔細細、認認真真，光憑肉眼看還不行，還一定要借助放大鏡等工具看；也不能僅看總體感覺，還要看各部位，連最細微的地方也不能放過；還有，不能只是順光看，還必須逆光看，而且燈光一定要強。只有這樣，才能看出毛病來。總之，每當遇到中意的玉器，你都要想到它是否有修復過的可能，多提疑

問，多設想各種可能，務必沒有一點疑慮再買定。有些古代的玉器小件，看似完整的一對龍或是一隻鳳，但其實是殘件，是從大件中折斷出來的，只稍稍把斷口磨平，就充作完整的一件小掛件。這除了細心之外，如能熟悉古玉的各種形制，就更易識別。

 528 為什麼說從器形上能夠辨別古玉的真偽？

器形即器物的形狀和造型。不同時代有不同的形制，這是由不同時代的社會生活、審美趣味和工藝水準所決定的。根據同類器物在不同時代的發展，就可排列出器物演進的大致年代次序。一般說來，器形是一個時代人類社會生活、審美趣味和工藝水準的綜合反映。各個時代玉器的器形既有繼承借鑑的一面，又有發展創新的一面，從而形成了不同時代不同的形制。不管各個時代之間有多少繼承借鑑，一個時代總是有一個時代的獨特風貌。正是依據這些不同風貌建立起古器物的形制，反映著年代次序，才使我們有可能根據形制對一塊玉器作出真偽和斷代鑑別。

529 為什麼說從雕工上能夠鑑別玉器的好壞？

雕工對軟玉的重要性要超過硬玉，因為軟玉開採使用歷史悠久，不同時代有不同的紋

清玉獸面提梁卣

清青白玉天雞蓋尊

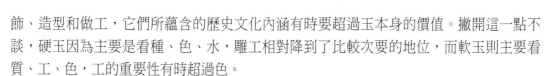

飾、造型和做工，它們所蘊含的歷史文化內涵有時要超過玉本身的價值。撇開這一點不談，硬玉因為主要是看種、色、水，雕工相對降到了比較次要的地位，而軟玉則主要看質、工、色，工的重要性有時超過色。

所謂「玉不琢不成器」，雕工對於軟玉有著極其重要的意義。一般雕工主要看三個方面：

一是看工的新舊，年代越久，文物價值越高；

二是看工的內容，凡是有創意，不常見，或是討口彩，為喜慶吉祥圖案的，價值就較高；

三是看工的精細程度，有精細做工的，自然價值越高。

530 玉製成後發生的色變主要有哪幾種？

玉製成後發生的色變主要有以下幾種：

（1）玉材在空氣中的氧化

玉材暴露於空氣中會產生風化，主要的變化是氧化，如人們在相玉時，經常要透過玉璞去猜測裏面的玉色，而多數玉璞的外皮與內部玉料成色不一。從岩石學角度上看，玉璞外皮與內核為同一種岩石，成色上的差異是由風化所造成的。玉材在空氣中會出現風化或顏色上的變化，但這種風化和顏色變化視材質的細密程度而不同。質地堅細的玉料所產生的風化要小，或者不產生變化；質地鬆散的玉料產生的變化較大。還有很多被採集到的玉材，表面瑩潤，幾乎沒有色澤上的變化。玉材在空氣中被氧化而產生色變的過程是非常緩慢的，一些玉器在自然狀態下置放數百年，表面色澤幾乎沒有變化。

（2）玉器在墓葬中產生的顏色變化

古墓中出土的古玉器，多數都帶有顏色變化，變化產生的原因，可能是墓中隨葬物所含化學成分所致，也可能受土壤中化學成分的侵蝕所致。對這一問題，古人曾給予了很大的注意，稱為「沁色」，意即墓中或土壤中的某些成分滲入或沁入到了玉中，使玉產生了色變。

（3）人工盤摩

玉器製成後，經過使用者一定時間的手工摩擦，或與人體的長期接觸，表面光澤會更潤，透明度會略強，尤其是入過土的古玉器，經過盤摩，顏色還會產生變化。

受沁的戰國玉璜

531 何為人工染色？

對玉的人工染色是從宋代開始的工藝，只要存在著對古玉顏色的追求，就存在著人工染玉的可能。最初的人工染玉僅是追求玉器美感，隨著偽古玉的出現，人工染色便成為仿古做舊的重要手段。

532 何為沁色？

玉器長時間埋藏在土中，多受到地熱、地壓、土壤酸鹼度和所含礦物質元素的影響，顏色會發生變化，所產生出來的顏色叫「沁色」。

受沁的西周青玉戚

清代劉大同《古玉辨》中說：「凡古玉出土，受色沁者，品類綦多。有不受色沁，而亦不受土蝕。形似傳世古者，此玉之最堅者也，頗不易得；又有身多土鏽，而無他色沁者。含玉最少。含玉受一色沁者名曰『黑白分明』，又曰『天玄地黃』；受三色沁者，名曰『三光照耀』，俗名『三元及第』，廣東南洋名曰『桃園結義』；受四色沁者，名曰『四維生輝』，又名『福祿壽喜』；受五色沁者，名曰『五星聚魁』，又曰『五福呈祥』，通稱之為『清五採』；受群色沁者，多至十五六色不等，名曰『群仙上壽』。」

古玉鑑賞家們在鑑別古玉時，往往要觀察沁色，以此作為斷代的參考。瞭解和掌握玉器沁色的變化規律，對鑑別玉器很重要。

533 清代劉大同《古玉辨》中記載的沁色有哪些？

清代劉大同《古玉辨‧玉之受沁》中記載的沁色有：「紅有鶴頂紅、人參朵、朱砂片、燕支斑、雞血紅；黑有烏雲片、淡墨光、黑漆古、金貂鬚、美人髻；紫有茄片紫、玖瑰紫、羊肝紫、紫檀紫、紫靈芝；青有鐵蓮青、竹葉青、暇子青、熊膽青；綠有松花綠、蘋果綠、蕉牙綠、瓜皮綠、鸚鵡綠；黃有蜜臘黃、米色黃、雞蛋黃、秋葵黃、栗色黃、老酒黃、黃花綠、黃楊黃；白有雞骨白、象牙白、魚骨白、糙米白、魚肚白、梨花白、雪花白。又有梨皮、桔皮、象皮、駱駝皮、黑蚓跡、魚子斑、魚腦凍、螞蟻腳、鵝眉黛、牛毛紋、鷓鴣斑、蛤蟆皮、荔枝核、冬瓜瓤、爛豆豉、石榴子、碎瓷紋、檳榔紋、灑珠點、古

銅色、細羅紋、銀灰色、瓦灰色、冰糖塊、雨過天晴、梅花數點、長虹貫日、太白經天、金星繞月、玉帶纏腰、紅日東升、秋葵西向、孤雁宿灘、蒼龍浴海、桃花流水、銀灣浮萍等名。受沁之原，不易深究，見地氣化和萬物，奇奇怪怪，變化無窮也。但論色沁，無論何色，以透為貴，次則巧沁，雖薄如玉皮，輕如蟬翼，亦有逸趣。」

534 沁色是如何形成的？

沁色主要與地理環境、埋藏環境、埋藏時間等因素有關。

（1）地理環境的影響

地理環境因素中對沁色影響最大的是土質。清代鑑定家劉心瑤在《玉紀補》中說：「西土者，燥土也；南土者，濕土也。燥土之斑乾結，濕土之斑潤縟。乾結者色易鮮明，潤縟者色終暗淡。土斑而有斑痕者，少土物也；無土斑而有斑痕者，水坑物也。西北亦有濕土，東南亦有燥土。近水則濕，遠水則燥也。」

（2）埋藏環境的影響

古人在斂葬時，有的用石棺，有的用木棺，也有的直接將屍體掩埋在土中。此外，出於不同目的，古人往往會在屍身旁放置石灰、朱砂、水銀等不同的物質。這些物質長時間和玉器埋藏在一起，其物理性質和化學性質對玉器的顏色也會產生很大影響。

（3）埋葬時間的影響

玉器受沁還有個時間長短的問題，時間短就不可能受沁。

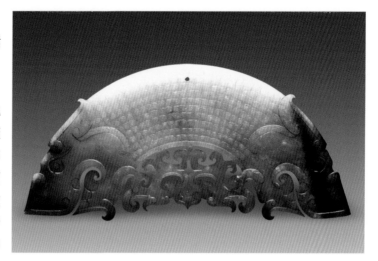

戰國雙龍首玉璜

西周鳳紋玉璜

夏代玉戚

535 何為石灰沁？

　　石灰沁為白色沁，也叫「水沁」，古人認為乃玉器受石灰沁入而成。

　　清代劉大同《古玉辨》云：「玉受地火者，皆變為白色，俗稱為『石灰沁』，即今所謂『雞骨白』、『象牙白』者是也。按：雞骨白為白玉質，象牙白為黃玉質，猶有淡青者為魚骨白，其質乃青玉也。以地中無天然之石灰，而有天然之地火。凡玉經火，其色即變為白，形同石灰，猶之石見火，黑者、赤者亦變為白，而白者用火後更白，故俗名之曰『石灰沁』也。玉為石之精，故其性無殊。今見人之移塚者，開墳後木棺被地火焚毀。往往有之，即此足見玉受地火亦然。或云築墳修墓，所用磚瓦石塊，必須石灰灌漿，方能結成一片，是古墓中必有石灰，故為古灰沁。此說亦似近理，但不如地火之說為可據也。蓋以石灰沁玉變紅色，與受地火之玉色皆變白者不同，故不得襲謬沿訛，通名之曰『石灰沁』也。」

536 何為黃土沁？

　　黃土沁也叫土沁，古人認為玉器受土沁入而成。

　　清代劉大同《古玉辨》云：「受黃土沁者，色如甘栗，名曰玷黃。」黃色沁系還有米黃色、雞蛋黃、秋葵黃、老酒黃、黃花黃、黃楊黃、鱔魚黃、虎皮黃等。

537 何為松香沁？

　　古人認為松香沁為玉器受松香沁入而成。清代劉大同《古玉辨》云：「受松香沁者，色如蜜

戰國玉琥

蠟，名曰老玗黃。」

538 何為水銀沁？

古人認為黑色沁為水銀沁入而成，是古玉中較為珍貴的色沁。

清代劉大同《古玉辨》云：「水銀沁，有地中之水銀，有殉葬之水銀。殉葬之水銀，有大坑、小坑之別。大坑水銀，皆帝王列侯所用，其沁入之深厚與小坑不同。有一器而全體皆黑者，有一器而半身皆黑者，三代之物最多，秦漢次之，兩晉以後即不多見矣。水銀沁大則成片，小則成

西周龍紋玉璧

塊，細則成線，皆因玉質堅與不堅而分，但色黝黑，而亮光則一也。若地中水銀所沁，有淺黃色牛毛紋者，有露白點冰片紋者，雖露有淡黑色，充與葬殉水銀迥不相同。常見古玉黑白分明，一半大坑水銀所沁，一半地中水銀所沁，地中水銀輕如流水，故所沁者形似魚腦凍，人見之以為玉質之腦，非也。大坑水銀所沁者即成黑漆古矣，況玉腦色與玉質無異。地中水銀沁則變為黃白，或微黑微青，皆因地氣使然也。此不可不辨也。」

539 何為黑漆古？

玉器的「黑漆古」是指玉器在墓葬中長期受到水銀的侵蝕而形成通體的黑色沁色，是水銀沁的一種。

黑漆古劍璏

540 何為血沁？

血沁為紫紅色沁，古人認為是殉葬玉器在地下受屍血沁入而成。

清代劉大同在《古玉辨》中說：「受血沁者，其色赤，名曰『棗皮紅』，深者名曰『醬紫斑』，此乃近皮之物也。或云血不能沁玉，以人死血枯竭無生氣，必因地氣所薰，與他物混合為一，方能沁入玉內作深紫色，此一說也。」

541 何為銅沁？

綠色沁為銅沁，古人認為是受銅銹沁入而成。

清代劉大同《古玉辨》云：「受銅沁者，色如翠石，名曰『鸚哥羽』。銅器入土，年未久即生青綠色，年久則尤甚，玉與之鄰，為其傳染沁入。復原時，比翠石更嬌潤。但用熱水洗之，含有銅臭氣耳……」

542 何為靛青沁？

古人認為青色沁為玉器受靛青沁入而成。清代劉大同《古玉辨》云：「受靛青沁者色如天青，名曰『天青』，此系青衣之色，傳染沁入理者，深如蘭寶石者，名曰『老甘青』。」

543 現代的偽制「沁色」手法有哪些？

現代的偽制「沁色」手法有以下幾種：

（1）酸化造沁，如用氫氟酸、硝酸或硫酸浸泡，偽造螞蟻腳、蟲蛀等巧沁和灰皮；在酸液中加入朱砂或高錳酸鉀，用來偽造黃沁、紅沁；酸液中添加硫化汞，偽造黑沁。

（2）鹼化造沁，又稱「高壓造沁」，多用來偽造石灰沁和玻璃光。

白玉帶沁駝龍鎮紙

（3）電擊造沁，主要是電蝕法。電蝕法即透過電解作用在玉件表面染上「沁色」。

（4）新老結合法，就是在傳統的作舊方法中加入現代的科技內容以製造出令人眼花繚亂的各種沁色。

544 何為古玉器偽造土鏽法？

偽造土鏽法是玉器作偽法之一，產生於乾隆年間，清代劉大同《古玉辨》云：「相傳無錫有叩鏽之穩稱，因阿叩善作毛坯玉器，用鐵屑拌之，熱醋淬之，置濕地十餘日，再埋於通衢數月，然後取出。玉為鐵屑所凶蝕，渾身桔皮紋，紋中鐵銹作深紅色，煮之即變黑且有土斑，不易盤出，宛如古玉，審視之方能辨，凡玉有土鏽，以灰提之而不出者，皆贋品也。」

545 何為古玉器偽造血沁法？

清代劉大同《古玉辨》云：「殺一狗不使出血，乘熱納玉於腹中，縫固不使透氣，埋之通衢三五年後取出，自有土花血斑，以偽土古。用純黑之狗，勝於雜色之狗，但雕琢之痕，新鮮之色，未有不露骨者。此不可不辨也。」此為用動物血偽造古玉上的血沁。

此外還有其他辦法，如將仿古玉放在火中燒之，等熱時取出，抹上血竭或其他紅色顏料，涼後再燒、再抹，如此反覆多次，直到顏色沁入玉中。

546 何為古玉器偽造雞骨白法？

清代劉大同在《古玉辨》中說：「世之造雞骨白，象牙白者，以炭火煨之，趁灰未冷時，用水潑於其上，取出宛如古玉之受地火矣。但體有火劫紋而不能去，真者無之。蓋一出自然，一出強造，最易辨也。況偽造之器，全身已經火燒，玻璃不能露出，昏頑不靈，直同朽爛之石。玉性去矣，此更易辨者也。」

這種偽造出的「古玉」由於經過火燒，沒有了玉的溫潤透明的光澤，如同朽爛枯石一樣，毫

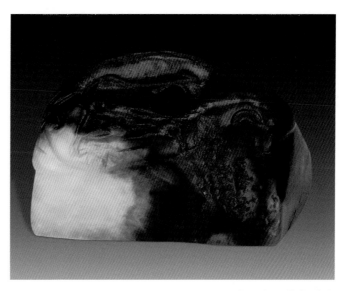

白玉褐沁龍紐方印

紅沁教子螭龍墜

黃玉紅沁辟邪

無靈氣。並且火燒後玉器表面易形成的細裂紋，而真雞骨白是沒有的。

547 何為古玉器偽造的「老提油」法？

清代劉大同《古玉辨》云：「虹光草，似茜草，出西寧深山中，汗能染玉。再加腦砂少許，燃以竹枝烤之，紅光自出。此法名曰『老提油』，今已不多見矣。」

清代陳性《玉紀》云：「虹光草出甘肅大山中，其汁能染玉。用草汁入硇砂少許，抹於玉之紋理間，用新鮮竹板燃火逼之，則深入玉之膚裏，紅光自面透背。時人謂之得古法，賞鑑家偶失於辨，或因之獲重價焉。此等今頗少識家，呼為『老提油』者是也。」

這種方法造出來沁較為難辨。清代劉心瑤在《玉紀補》中說：「顏色亦鮮明奪目，唯色皆成片，無牛毛、蚌殼等紋。」

548 何為古玉器偽造的「新提油」法？

清代劉大同在《古玉辨》中說：「『新提油』法，用烏木屑煨之色即黑，用紅木屑煨之色即紅。今玉偽造多用此法。」

清代陳性在《玉紀》中說：「比來玉工，每以極壞夾石之玉染作。欲紅，則入紅木屑中煨之，其石性處即紅；欲黑，則入烏木屑中煨之，其石性處即黑。謂之『新提油』。」

清代劉心瑤《玉紀補》則說：「先用色染，再放於滾油鍋中炸透，然其色外浮，縱有血絲亦浮於外面，甚有紅白相間，即玉賈所謂『豬油燉醬』者，細察中發空色，不似真舊，光由內吐，俗謂『油炸鬼』是也。」

雞骨白雙螭雞心玉佩

春秋紅沁龍鳳玉佩

549 何為古玉器偽造黃土鏽法？

民國趙汝珍《古玩指南》云：「將玉器滿塗以膠水，然後埋入黃土泥中，其埋藏時間愈久，則所生之黃土鏽亦愈似。」

550 何為古玉器偽造黑斑法？

民國趙汝珍《古玩指南》云：「造黑斑之法有二：一係將玉用水煮熱，架鐵箅之上，用火燒之，隨燒隨抹蠟油，不拘時刻，以黑斑已成為度。一法係將玉料按古式作成，然後用舊棉花泡濕，將玉包好以柴火燒之，火力有宜過猛，舊棉乾時再用水澆之，澆水之時能須注意不可使其冷熱不勻，至有破裂之虞。待黑色入骨，不

春秋黃玉紅沁螭龍紋玉佩

浮其上，亦不發白，而斑即成矣。
按，造黑色斑不可使全體一色，以
佔有三分之一者為美，且顏色有深
淺不同者為妙。」

551 如何偽造陳墨黑色？

用新玉製成器件後，用黑色的
烏木屑或暗紅色的紅木屑煨烤，將
石膏粉貼在想保留原有玉質的部
位，其他地方都能沁上顏色，只有
貼石膏的部位顏色進不去，其效果與受水銀沁的古玉相似。

明黑斑白玉貓

552 如何偽造「傳世古」？

把玉埋入羊腿皮內，主要用來偽造「傳世古」。

清代劉大同《古玉辨》云：「玉器小者，用刀割生羊腿皮，置於其中，再用紅線縫
之，不使出血。經三年後取出，玉帶紅綠，
宛如舊物。但盤熱時嗅之，微有腥味。」

553 如何偽造「水坑古」？

清代劉大同《古玉辨》云：「質鬆之玉
作成古物，用重烏梅水煮一晝夜，其鬆處被
滾水搜空，宛如水激之痕。再用油法上色，
儼然水坑古矣。但玉質太鬆，其水激痕究不
如真者之出於自然，不著形跡耳。」

554 如何偽造琥珀玉？

琥珀玉以琥珀為染色顏料，將其塗入玉
質原有綹縫中；或用金鋼鑽在玉上刻畫出斑
點，在斑坑填入琥珀質染料，再用溫火燒
烤。

局部變化的偽古玉

555 何為古玉器偽造的灰提油法？

清代劉大同《古玉辨》
云：「用木賊草、栗色杰泡
水，加入銀硝少許，盛於瓦罐
中，將玉懸掛中間，用栗炭火
煮之，水淺即添，以提出玉中
水銀，灰土，濁氣為度。有銅
綠、金銀沁者，不可用此法，
宜用人乳薰之。若未經出土之
玉，有但不可用灰提，並不可
用滾水煮，以其燥傷玉質
耳。」

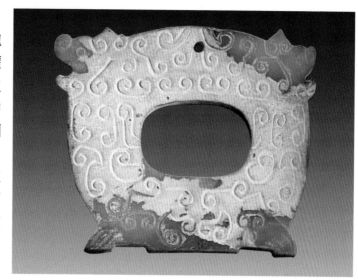

模糊紋飾的偽古玉

556 何為古玉器偽造的油炸法？

「油炸法」是偽制牛毛紋沁的方法之一。清代劉大同《古玉辨》云：「若用油炸，皮
多裂紋，似牛毛，又似水紋。但體已酥，不能久存。外露浮光，愈盤愈黯，久即成蠟，肉
色精光已去，有形無神，故名之為『油炸鬼』。」

557 如何識別古玉器的偽製蟲蛀爛斑？

鏽工法主要用來偽製
蟲蛀爛斑。清代徐秦基
《玉譜類編》云：「有名
鏽工，則用烏梅水與硝
磺、鐵屑和玉同煮，更兼
久侵，則成爛斑，宛如水
銹作蟲蛀孔，顏色並能深
透……鏽工於盤醒後，其
色深黃，歷久不退。熱水
泡後，真出土者顏色泛
白，如係鏽工，則色轉黑
而光亮。」

火燒作舊的玉器

558　如何透過「沁色」辨識紅山文化玉器？

考古發現的紅山文化墓葬有石棺墓和土坑墓兩種，石棺墓一般在遼寧朝陽市境內較多發現，土坑墓多出現在內蒙古赤峰一帶，全都屬於較為乾旱的地區。石棺墓用石板結合黏土夯實而成，結構堅固，保存較好，墓中滲入沙土很少，不容易受沁；土坑墓容易坍塌，殉葬玉器容易和沙土混合在一起，但所處的環境比較乾燥，有受沁現象，但並不嚴重。

紅山文化青黃玉玉璧

總體來說，紅山文化玉器受沁情況並不嚴重，大多還呈現出玉的本色，蠟狀光澤。少數有受沁情況，有的表面有很淺的一層霧狀白色水沁，有的有黃褐色土沁，還有的白玉作品上呈現出黑色的水銀沁。良渚文化普遍存在的雞骨白沁，在紅山文化玉器中很少出現。另外，有一些作品上還帶有玉璞上的石皮。

559　如何透過「沁色」辨識龍山文化玉器？

龍山文化玉器軟玉多白色、淺白色、灰白色，另有青色、青綠色、黃色、黑色等。綠松石多天藍色、藍綠色、綠色和帶藍淺白色。玉髓色呈綠、紅、黑、灰白等。

龍山文化區域遼闊，地區不同，氣候環境和地質環境不同，再加上所用的材料不同，所呈現出來的沁色不盡相同。總的來說，龍山文化玉器的沁色主要以赭色土沁、紅色沁為主，也有褐色、黑色、白色等。

560　如何透過「沁色」辨識良渚文化玉器？

良渚文化地處素有「魚米之鄉」的太湖地區，地勢較低，河汊密佈，埋藏在地下的玉器絕大多數長期受沁而變為雞骨白色，失去了原有的半透明光澤。極少數受沁較少，仍保持了原有的黃綠色等玉色。

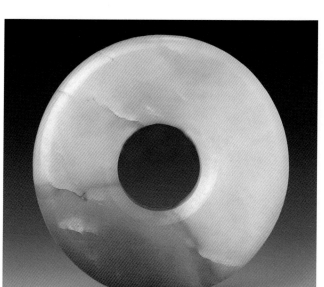

龍山文化玉璧

良渚文化高型玉琮

561 如何透過「沁色」辨識商代玉器？

　　商代玉的沁色多種多樣，其中最明顯的是雞骨白色，純白無光。有的玉器僅在邊緣處局部有沁色，有的是整體沁色。另外，有些商代玉器上有較重的褐色沁。

562 如何透過「沁色」辨識西周玉器？

　　西周玉器玉材複雜，玉色繁多。和田玉多呈乳白色、淺白色、青白色、青色、灰青色、黃青色、黃色等，其他玉石多呈月白色、青綠色、天藍色、淡綠色、茶褐色、黑色等。

　　西周玉器的玉材多樣，遺址分佈的範圍很廣，環境有很大差異，所呈現出來的沁色不盡相同。西周玉器常見的沁色有雞骨白色、土黃色、褐色、水銀沁等。

563 如何透過「沁色」辨識秦漢玉器？

　　秦漢古玉器黑漆古成片但薄，水銀沁不如前代，此外還有石灰沁。秦漢玉器受沁通體一色，但石灰沁已有深淡之分。

酸性做舊的玉器

鹼性做舊的偽古玉

 564 如何透過「沁色」辨識唐宋玉器？

　　唐宋玉器沁色不如前代，在盤玉過程中極易變色。比如唐宋玉器中的石灰沁，顏色較淡較薄，已露玉器自然顏色，盤熟後色略變紅。

565 如何透過「沁色」辨識明代玉器？

　　明代玉器的沁色已不能侵入玉的肌理，因此，在玉器的表面難以形成沁色。即使有，大部分露玉質，易盤。

566 何為「清代古玉沁色十三彩」？

　　據文獻記載，古玉有十三彩，即醬紫斑、靈芝紫、棗皮紅、鶴頂紅、石榴子、黑漆古、水銀沁、金貂顏、梨花白、娥眉黛、鷓鴣斑、熊膽綠、甜黃等，巧妙利用比喻，生動形象。另外，還有的以沁色形成的圖案來描繪沁色本身，如蟠龍鬧海、金星望月、天地玄黃、群仙上壽、日貫長虹、萬福攸同等，不一而足。

567 如何辨識古玉的玻璃光、油脂光與蠟光？

　　清代劉大同在《古玉辨・古玉出土之變相》中說：「玉出土，有形如瓷片者，有形如

瓦片著……有帶玻璃光者。此種形形色色，愈古愈怪，真令人難測。」

這裏提到的玻璃光，應為古代玉器所用玉石的光澤。大多數玉石都有玻璃光澤，其所製成的古代玉器經由次生變化的風化作用後，玉石的玻璃光澤轉變為其他的特殊光澤效果，常見的有油脂光澤、蠟狀光澤等，而帶玻璃光、油脂光和蠟光的部分，應為古玉未受沁的部分。

 何為飯糝？

飯糝是玉石在地層下受到濕度與溫度浸染的一種質變現象，在玉器內部呈現不規則的白色顆粒，如同煮熟的大米稀粥，故名。「糝」的原意是飯粒。因其形狀如白色的竹花，也稱之為「玉花」、「玉英」、「玉液」、「玉雪」、「玉糝」等。也有人認為飯糝是一種色沁。

清龍紋仿古玉瓶

 何為玉窗？

玉窗是指玉器沒有受沁而露出玉石本色的地方，也稱「玉池」、「玉膚」。

何為包漿？

包漿通常是指玉在各種環境中，由其他物質附在玉器表面形成的一種物質。

主要有四種形式：一是土壤中可溶性礦物凝結物；二是玉器表面附著有墓土或腐爛雜

宋巧作鯉魚佩

物；三是傳世品上的污垢；四是經過收藏者長期在手中玩賞摩挲，表面所形成的一層油脂狀光澤。

571 何為黃斑？

一些青玉、白玉製品往往帶有黃斑，這些黃斑可分為玉皮色、沁色、染色三類。其實，在考古發掘中很少能見到帶有黃色沁色的玉器。個別玉器上的黃色斑，很可能是原來的玉皮；傳世玉器上帶有的黃色斑塊，往往是人工染色。因而遇到帶有黃色斑的玉器，應認真分辨。

漢羊觥

收藏投資篇

572 古玉收藏應如何入手？

收藏古玉時，可以按照質優、工精、色巧、形奇的原則進行收藏。質優是指所用玉材為上等的，優質玉材對於一件玉器至關重要，如玉質、玉色、光澤、緻密度、綹裂等都是玉材等級的要素；工精是指雕琢非常精細，紋飾繁簡疏密統一和諧，這種玉器極其珍貴，反之則收藏價值銳減；色巧是指利用巧雕工藝的俏色玉器，構思奇巧；形奇即指玉器的造型有創新性或為當時玉器的標準器之一，這種玉器極具收藏價值與鑑賞價值。

573 收入低的收藏者應如何入手？

古玉收藏不是有錢人的專利，其實收入低的收藏者也有門道收藏古玉，可以從低檔玉器入手。如明清時期的一些小玉件，這些小玉件其實也並非低檔，做工也非常精細，只是大多是民間玉器，流傳下來不如宮廷玉器那樣傳承有序，散落民間，因此，在一般的古玩市場也能見到這種小玉器。其實，這也為收藏入門者提供了很好的機會。

574 初級入門者需要注意哪些問題？

（1）**勿貪便宜，謹防上當受騙。**所謂「一分錢一分貨」，對於初入門還不精於鑑別的收藏者來說，切忌貪便宜而大量買便宜貨。

（2）**寧精勿濫，重在收藏質量。**對於收藏來說，精品意識相當重要，即收藏必須走少而精而不是多而雜的路。否則，東西再多，檔次不高，充其量不過是開小雜貨鋪，永遠成不了收藏家。

民國翡翠壽星山子

（3）**由低到高，逐步提高檔次，提倡循序漸進，逐步提高。**收藏不能急於求成，更不能急功近利。有了這樣的心態，積累了相當時間，自然會有可觀的收穫。

（4）**專題收藏，集中形成特色。**收藏時可以把自己收藏的方向定一個專題，如可按歷史年代分「唐代古玉」、「宋代古玉」、「明清古玉」等，可按用途分「古代佩玉」、「古代禮玉」、「古代山子」，也可按具體器物分「玉琮」、「玉璧」、「玉鳥」、「玉龍」、「玉人」、「玉杯」、「玉帶鉤」。

清仿古玉觚

紅山文化玉豬首龍形佩

575 古玉收藏有何意義？

埃及博物館學家馬赫茂德・梅薩蘭指出：收藏保存了民族的遺產，並不斷地發展人們的知識，幫助人們去認識和保護自己的世界，使他們為更美好的生活而努力。

這一論述非常精闢，其實玉器收藏的重要意義也在於此。此外對於個人而言，收藏也是極具意義的，欣賞自己或他人的豐富藏品，也是一種享受，能陶冶情操，其樂無窮。

576 高古玉有何收藏價值？

高古玉因其年代久遠，保存下來的玉器大多有傷殘，或失去玉色變得不美，因此，在國內玉器市場一直沒什麼地位。然而近幾年卻有升溫，尤其是紅山文化玉器，如2003年紅山文化的一件玉豬首龍在北京瀚海以人民幣154萬元拍出，價格非常高。

在此帶動下，高古玉器市場開始復歸，漲幅驚人。這應是高古玉的歷史價值及藝術價值的回歸，畢竟高古玉是中國玉文化的源頭，更能體現中國玉文化的真諦。

577 仿古玉有何收藏價值？

仿古玉不同於偽古玉，仿古玉除了模仿古代紋飾和造型外，主要還帶有本時代的風格。做仿古玉往往是受好古之心驅使，重在研究與欣賞，為的是繼承祖輩的製玉技藝。玉工用自己的審美觀，創造出既有古玉風格，又有本朝特色的玉器。因此仿古玉在雕琢技藝

清青玉仿古天雞尊

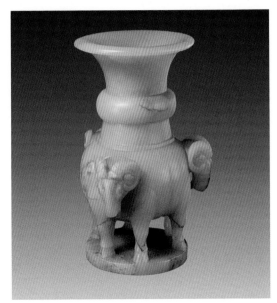

清羊紋玉尊

上達到了很高水準,作品的品味極高,在中國玉文化發展史上也佔有一定地位。尤其是宋代帶有「宣和」、「政和」等款,清代帶有「乾隆仿古」、「大清乾隆仿古」等款的仿古玉,收藏價值非常高,有些仿古玉價值不低於真古玉。只是在收藏仿古玉時要剔除偽古玉。

578 收藏投資古玉有哪些風險?

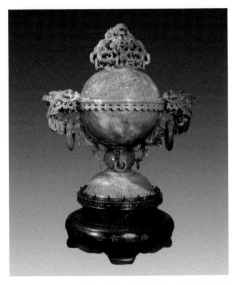

現代「含香凝聚」翡翠香薰

收藏投資古玉最大的風險在於贗品問題。同其他藝術品一樣,玉器的贗品也是自古有之,發展到現代,更是達到了以假亂真的地步。面對各種各樣的贗品,就只能靠收藏者的經驗和眼光了。收藏古玉的真偽決定著古玉收藏投資的成敗與否。此外,收藏投資古玉還要注意資訊的掌握。很多收藏投資者無法準確判斷市場上古玉真正的價格,在這種情況下一定不要跟風走,警惕炒作,要多方面瞭解。

還有收藏投資者的心態問題也是收藏投資古玉的風險之一,收藏投資古玉的風險是不可避免的,這就需要收藏投資者積極調整自己的心態,保持冷靜以應對這些風險。

579 為什麼說收藏玉器前景看好?

第一,玉器是中國文化連續不斷的象徵物,是一項長線收藏。玉器用途最廣,歷史最

民國翡翠福祿壽三星

長，且獨具魅力。事實證明，玉器的長線收藏比短線收藏效益好，因為它內在的歷史文化價值是無法估量的。

第二，優質的玉料越來越少，玉器價格越來越高。新疆和田玉、南陽玉、岫岩玉等目前雖在大量採掘，但據地質部門權威人士估計，再過20年，這些玉礦也將基本採掘枯竭。

第三，玉器小巧玲瓏，既便於收藏，又便於把玩，這為玉器收藏提供了廣闊的前景。

綜上所述，玉器可謂是收藏品中的「寵兒」，升值潛力大，投資風險小，必定會被更多的收藏者看好。

 580 值得收藏的古玉有哪些？

中國玉文化歷史悠久，古代玉器更是多如牛毛，面對如此浩瀚的玉器，哪些玉器的漲幅還會很大呢？哪些玉器值得收藏呢？可以從以下幾點考慮：

（1）真正的古玉。真正的古玉難以辨識，尤其是唐宋以前的，這些玉器一直價格偏低，直至近年才有所升溫，因此收藏這些古玉有很大的價值空間。

（2）和田玉青白玉、白玉、翡翠等製成的玉器價格還有大幅上調的可能。

（3）做工藝術水準高的玉器作品，也就是賣相好的玉器，只有好玉與精工相結合，才有收藏價值。

（4）名家作品或名品，如乾隆玉器等。

581 「乾隆玉」為何受寵？

狹義而言，「乾隆玉」指清代宮廷造辦處按照乾隆的口味組織設計製作的仿古玉器；廣義而言，「乾隆玉」則為清乾隆時期所產玉器的統稱。器物設計精巧，工藝細緻，用料考究，因而頗受收藏界喜愛。如果上有乾隆御題，更是身價百倍。

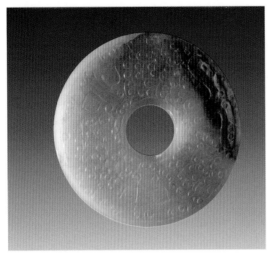
戰國獸面紋白玉璧

商代玉龜

582 何為盤玉？

所謂「盤玉」，是民間流傳的一種賞玩玉石的方法，透過盤玉，可以使色澤晦暗的玉石整舊如新，並使玉石的顏色發生很大變化。歷代的玉石大收藏家都懂得盤玉，這是一種「功」，就像茶道一樣。

清代劉大同《古玉辨》云：「出土古玉，以還原為貴，欲古玉還原，非盤之不為功，但盤有難易之別：易盤者，其質地輕鬆，故色沁雖濃厚，亦易盤出；難盤者，其質地堅潔，故色沁雖淺薄亦難盤出。是以三代以上之玉，色沁薄，亦非數十年之盤功不能生效。……秦漢之玉，盤須十餘年。六朝之玉，色沁雖極透，但盤之二三年，即狀如水晶。諺語云：舊玉盤三伏，猶勝三年餘。蓋以三伏炎熱，金石皆能出汁，故易盤耳。若嚴冬盤出，非在暖室不易生效。凡嗜古玉者，皆欲親自把玩。如生坑而能經新手盤出者，較之熟坑則尤妙。此中原理，以親手所盤之玉，年愈久情愈深故也。」

清代把盤玉分為三種，即文盤、武盤和意盤。文盤指假以時日慢慢把玩盤摩；武盤指不間斷地摩擦，由此觀察古玉的變化；而意盤則有神秘的成分，說這種盤摩需要加入人的意念，指示局部色澤的變化。

583 為什麼說收藏玉器要新舊兼顧？

中國歷來是一個崇尚古文化的國度，也有收藏古玉的傳統。古玉因為承載了豐富的歷史內涵，體現了獨特的時代烙印，具有歷史價值、文化價值、研究價值，所以多年來一直是人們追捧的對象，許多傳世古玉早就被各級文物部門和成千上萬古玉收藏者們納入囊中。古玉有著不可再生性，它的存世量畢竟有限，而藏家們對古玉青睞有加，導致其價格

節節攀升。在利益的驅使下，大量仿古玉充斥市場，甚至可以說到了贗品氾濫的程度。

在古玉日趨稀少、貨源緊缺和價格不斷上升的趨勢下，藏家要克服厚古薄今的觀念，不能把眼睛只盯在古玉上，而忽視新玉的收藏，要做到古玉和新玉並重。由於大量雕琢工具的開發運用，當今玉雕藝人們的技術水準可以說是達到了前所未有的高度。另一方面，現今藝人大多經過系統的學習培訓，藝術素養也日益提高。客觀地講，新玉精品代表了當代玉雕工藝的新水準，同古玉珍品一樣，具有很高的收藏價值。

584 為什麼說收藏翡翠收益最大？

翡翠有「玉中之王」之稱，是一種高價值寶玉。近年來，翡翠的價格一路狂飆，漲勢驚人。並且據專家估計，翡翠價格有望再創新高。翡翠價值的上漲絕非人為炒作，自有其獨特的主客觀原因，主要表現在以下幾個方面：

（1）翡翠本身的品質。翡翠在顏色、質地、透明度、純淨度等方面的特性決定翡翠的玉質非一般玉石所能比，尤其是上等翡翠，質地非常細膩緻密，透明度好，其觀賞性和實用性都深受世人喜愛。

（2）從礦藏資源上講，翡翠與和田玉一樣，是一種再生性極為緩慢的稀缺資源，是用一點就少一點，當今翡翠資源越來越匱乏，所謂「物以稀為貴」。而且目前發現只有緬甸產翡翠。

（3）從翡翠在中國玉文化的地位變化來看，翡翠能與和田玉並駕齊驅不是一朝一夕所成之事，中國玉文化可以追溯至史前社會八千年甚至是上萬年前，而翡翠開採和使用的歷史與之相比極其短暫，因此在眾多寶玉中漲幅最為驚人。

（4）翡翠的價格之所以能一路走高，還與中國這十幾年來經濟高速發展有關。改革開放以後，我國生產總值不斷增加，人民收入增加，在此經濟形勢大好的情況下，人們便會追求高品位生活，近幾年奢侈品市場非常紅火，翡翠作為奢侈品的一種，價格自然也就水漲船高了。並且，中國人對翡翠有特別的偏愛，市場對翡翠的需求暴增，更突顯了翡翠的價值。

585 如何投資獨山玉？

獨山玉的顏色非常穩定，在自然狀態下存放千年也不褪色或變色。投資獨山玉要看顏色是否均一，質地是否細膩，玉料塊度大小。以似翡翠的翠綠色最佳，要求質地堅硬、緻密、細膩，無裂紋，無白筋，無雜質，以近透明或半透明者為上品。獨山玉的優良品種常加

拍賣成交價8800萬人民幣的翡翠原石

工成戒面、掛件、手鐲等。

586 如何投資綠松石？

投資綠松石要看顏色、質地和塊度。其品種按顏色分為藍色綠松石、淺藍色綠松石、藍綠色綠松石、綠色綠松石、泡料。以藍色、深藍色不透明或微透明，表面具玻璃感，顏色均一，光澤柔和，無褐色鐵線者質量最好。綠松石按質地劃分為透明綠松石、塊狀綠松石、鐵線綠松石、磁松石、斑點松石。透明綠松石極為罕見，價值很高。磁松石光亮如瓷器，質優價高。國際寶石界將綠松石分為四個品級：一級品（波斯級）、二級品（美洲級）、三級品（埃及級）、四級品（阿富汗級）。一級品為質量最優的綠松石。

和田羊脂白玉蟹玉

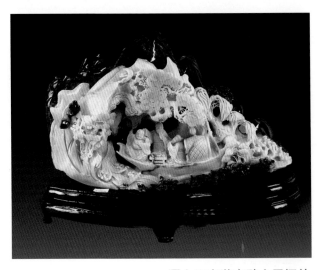

獨山玉夜遊赤壁山子擺件

587 如何投資瑪瑙？

瑪瑙的投資要從顏色、透明度和塊度入手。價值高的瑪瑙有以下特點：顏色鮮豔、純正，色層厚；表面光潔，透明度高；紋飾均勻、明晰，線性程度好；質地細膩、堅韌；無裂紋或裂紋少；塊度大。以紅色和藍色為最佳。

588 如何理解「一蹲，二臥，三回頭」？

古玩界長期以來流傳這樣的話：「一蹲，二臥，三回頭。」一蹲，指的是商周玉獸多作蹲姿；二臥，即指漢魏時期玉鎮而言；三回頭，則指的是明清玉獸多作回首狀。

589 如何理解「燈下不觀色」？

珠寶界流行「燈下不觀色」的行話，意思是說，要做珠寶鑑定，不能把珠寶拿到燈光

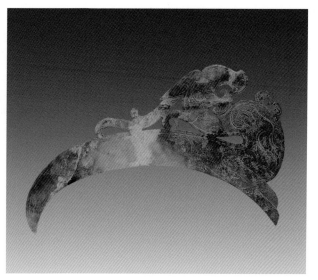

綠松石雕山水人物山子擺件　　　　　　　　　　　　戰國晚期龍形玉佩

下去，否則，對其質量的評定會大打折扣。所以對於初入珠寶行業的人來說，記住這句話非常重要。而對於翡翠來說，這一點則顯得尤為重要。

　　這是因為翡翠的顏色，尤其是閃灰，閃藍以及油青之類的翡翠顏色，在燈光下的視覺效果要比自然光線下的顏色效果好很多。因此，燈光下只能看翡翠的綹裂，看水頭長短，看照映程度或其他特徵，而要在自然光線下，察看和評定翡翠的綠色。

590　如何理解「色差一等，價差十倍」？

　　對於珠寶商來說，「色差一等，價差十倍」是句非常有道理的話，而對於高檔的翡翠來說，如果在顏色上出現差別，那麼，其反映在價差上就不止一倍。例如：一枚100萬台幣的翡翠戒面與一枚200萬台幣的翡翠戒面，翡翠質量樣式、大小、種、水、瑕疵都是相同的，無可挑剔，二者之間的價格差別關鍵在於翡翠戒面綠色上的高低。而如何認識和區分翡翠綠色的各種差別是極為重要的，至少也要見過和經歷過。

591　如何理解「寧買一條線，不買一大片」？

　　「寧買一條線，不買一大片」是對於翡翠原石中的綠色形狀特點來說，「一條線」帶子綠與「一大片」靠皮綠是同一種綠色形狀的兩種表現形式，是「線」立性與「片」臥性的分別。「線」的厚度是已知的，而深度是未知的；「片」的面積是已知的，而厚度是未知的。格言的關鍵在於提醒人們，不要被翡翠表面上綠色的「多」與「少」所迷惑，要認清綠色「立性」與「臥性」的本質。但是，這並不是說真的見了有一大片綠色的翡翠也不買，而是不要對綠色的厚度有過分的奢望。

592 如何理解「龍到處才有水」？

所謂「龍」其實是指翡翠中的綠色。也就是說，在通常情況下，無論在質地的粗細程度或者透明程度上，有綠色的部位比沒有綠色的部位其地子都要好一些。當然，有時翡翠的綠色和地子之間的這種差別表現得過於強烈時，就像下一個格言所說了。

老坑琉璃種翡翠珠鏈

593 如何理解「狗屎地子出高綠」？

翡翠的地子與翡翠的綠色互為依存，關係非常密切。一般來說，綠色種水好的情況下，地子通常也不會太差，反之亦然。

而格言主要提醒人們：不要忽視翡翠綠色的特殊性。雖然不是每一個「狗屎地子」都會有高檔的綠色，但是「狗屎地子」中也可能出現上等的綠色。

594 如何理解「無綹不遮花」？

《禮記》云：「大圭不琢，美其質也。」事實上，高檔的翡翠綠色通常也都是以「素」身的形式，來表現其自然本質的。例如舊貨中的扳指、翎管之類都屬於「素活」。如果雕有花紋圖案，其美麗的花紋之下必有蹊蹺。故而業內流傳有「無綹不遮花」的說法，現代的翡翠製品中同樣如此。

595 如何理解「冷眼觀熗綠」？

所謂「熗綠」乃是指一種加色的「假翡翠」，這是一種很老的伎倆，時下的作假手段有「沖涼」、「洗澡」和「鍍膜」等。當然任何作假或許得逞於一時，而不會永遠不露馬腳的。以前的格言是對行內人說的，是提醒人們要重視第一眼的感覺，不要放過任何疑點。因此，對於消費者來說，不妨也「冷眼」一點，到信譽好的商店去購買翡翠，一定要開具如假包賠的鑑定證書。

翡翠項鏈

翡翠靈芝寶鼎擺件 商代雞骨白龍形瑰

596 為什麼說珠寶玉器已成為收藏投資新熱點？

　　我國珠寶玉器市場的繁榮，與社會經濟的發展、人民物質生活水準的提高密切相關。珠寶玉器兼具裝飾美化與保值升值的特點。一方面，人們用它來美化生活，提高生活品質；另一方面，人們收藏它們，將之作為一種投資方式。20世紀90年代以來，珠寶玉器價格一路飆升，尤其是鑽石、紅寶石、藍寶石、祖母綠、貓眼石及東方人鍾愛的翡翠、新疆和田羊脂玉等高檔珠寶，價格更是節節攀高。在我國目前股票、證券市場低迷的情況下，收藏珠寶是被普遍認同的盈利高、風險小的投資方式，愈受到人們的重視。

597 何為古玉三忌？

　　清代劉大同《古玉辨》云：「一忌油。舊玉地漿未足，常粘油膩，則清光不能透出。故佩玉者，把玩日久，恐被油沁，腦油、鼻油則尤甚，必須用滾水洗這方能退油。盤者倘用鼻油摩擦，是愛之反不如毀之之為愈也。一忌腥，玉與腥物相接即含腥味，且傷玉質。就海濱出土之玉觀之，無一完璧，即可知矣。一忌污濁之氣。倘有婦女汗手盤弄，則土門閉塞，玉理之灰土不能退出，縱如盤功亦無益也。」

598 何為古玉四畏？

　　清代劉大同《古玉辨》云：「一畏火，常與火近，色漿即退。一畏冰。常與冰近，色沁不活。一畏驚氣，佩者不慎，往往墜地。如落磚石之上，重則損傷，輕則肌理含有裂

紋，其微細如髮，驟視之而不得見。一畏閨水。如與新水相觸，色沁之處，即黯淡無光，重則渾身麻點，雖盤之亦難生效。」

599 如何給古玉消毒除臭？

我們收藏古玉，大多數難以褪改或變更其「色沁」，但是，為了衛生和安全，以防藏有細菌和不潔物體，必須用開水煮過，方可作玩件或用來佩戴。用開水煮，或用灰提油法，同時能夠辟除其臭氣與腥味。特別是陪葬古玉，應用開水煮，或以沸水浸，使灰漿浮出，兼具消毒殺菌的作用。不過，凡銅沁的古玉則不可煮，以防影響原本色沁。

600 修復玉器主要有哪些方法？

（1）**一分為二法**。有些玉器碰壞後，設計師、雕刻師總是根據其破損情況，剖析它原來的造型，經過一番巧思，然後在原件基礎上巧妙分割，一分為二，把原來的雕件分成兩個或兩個以上相互獨立或關聯的小件。

（2）**金玉鑲嵌法**。金玉鑲嵌在珠寶首飾行業裏是一種普遍使用的工藝。金玉鑲嵌既是一種傳統工藝，作為一種技巧又被運用到玉器的修復上。

（3）**重新修整法**。這是以掩飾、彌補玉器破損為前提而進行的別具匠心的重新創作。

（4）**斷口黏合法**。玉器斷裂，在近代也有用黏合法進行修復的。修復得好，甚至能「以次亂正」。

（5）**缺處添補法**。玉雕佩掛件不慎跌落，也有不斷裂而只碰缺一小塊的，但畢竟「破相」了。於是人們想到如何為它「整容」，其辦法就是添補。添補的方法有二，即填補和新補。

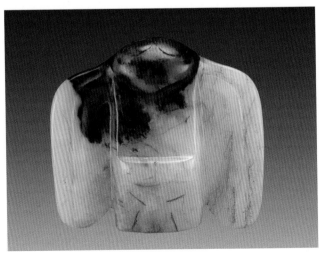

紅山文化玉鷹